新書y
204

お金の流れはここまで変わった!

菊地正俊
Kikuchi Masatoshi

洋泉社

はじめに　株式市場の歴史的な急落は何を物語るか

08年は米国サブプライムローン問題（信用度が低い住宅ローンの不良債権問題）をきっかけに、世界の株式市場が歴史的な急落を記録した年になりました。原油や穀物などの一次産品価格も史上最高値を更新した後に急落しました。世界大恐慌の再来を懸念する声も出ました。日本経済も後退期入りし、家計の所得の伸びは低調なままでした。家計の予算に限りがある中で、ガソリン、パン、パスタ、マヨネーズなど生活必需品が大きく値上がりしたため、消費者が衣類や旅行など裁量的支出を抑制する傾向が顕著に現れました。

日本はサブプライムローン関連の損失が少ないのに、日本株が欧米株と一緒に急落したのは、株式市場のグローバリゼーションの結果です。日本株が日本人だけで取引されていたら、これほど急落はしなかったでしょうが、日本株は外国人投資家による取引が多くなっています。日本の一般家庭に影響した資源や食料価格の上昇も、経済のグローバリゼーションの賜物です。もし中国人が牛肉を食べず、インド人も車に乗りたいと思わなければ、今ほどのガソリンと食料価格の上昇は起こらなかったでしょう。アジアでも所得増加や健康志向を背景に、海魚への需要が増えており、高級マグロで日本が買い負けるという事態が起きています。

日本では消費支出全体に占める食料支出が約4分の1であるため、まだ何とか耐えられていますが、発展途上国では、食品の値上がりに抗議して暴動が起きました。日本以外の先進国では、サブプライムローン問題で倒産する銀行が出てきたため、預金の取り付け騒ぎが起きました。

一方で、原油、鉄鉱石、石炭などの価格急騰で、資源国は大きな経済的恩恵を受けました。日本企業でも海外資源に権益をもつ総合商社は、巨額の利益をあげました。市場で取引される商品や資産の価格が上昇すれば、常に誰か儲けた投資家がいるということです。石油や食料は生活必需品であり、株や債券とは異なるものだとして、政治が介入して、石油や食料の取引市場の投機を規制しようという世界的な動きが強まりました。株価が上がっても、空売りしている投資家を除いて困る人はいませんが、ガソリンや食料の価格上昇が続くと、困る人が大勢出てきます。

日本は石油の99％を輸入に依存しており、食料自給率も40％と先進国中で最低です。日本の食料自給率が低いことは、日本が食料生産に必要な海外の土地や水を間接的に輸入していることを意味します。日本にも経済のグローバル化に反対する勢力が存在し、今回の金融危機をきっかけに、グローバリゼーションの終焉を指摘する意見も出ています。しかし、そういう人は、石油に依存する車に乗らず、日本が自給可能な米と白菜とさつまいもだけの生活を望むというのでしょうか。

日本は石油と食料の輸入のために、外貨を獲得する必要がありますが、中国など新興国の台頭により、日本が得意としてきた工業製品の輸出競争力は相対的に低下しています。世界的に資源や食料の争奪戦が強まる中で、日本は製造業での高い国際競争力を維持しないと、将来的に石油や食料を買えなくなる時代が来るでしょう。

日本企業の海外売上比率は、3割強に上昇しました。日本株の3割弱は外国人投資家によって保有され、日本株売買の6～7割は、外国人投資家によって行なわれています。株価形成に影響を与えるのは株式保有ではなく、株式売買であるため、日本企業の経営者も外国人投資家との対話なしに、自ら望む経営を執行することはできない時代です。

私は米国大手証券会社の日本株ストラテジストとして、日本の経済、企業経営、株価見通しを外国人投資家に説明する立場にあります。原油価格の上昇が米ドル安をもたらし、ドル安が日本の輸出企業の株安につながるなど、株と他の資産との相関分析が重要になってきました。私は年に6回ほど欧米アジア中東の投資家を訪問していますが、外国人は株価見通しのみならず、政治や経済の改革の方向性、歴史観や地政学的な考え方などの点で、日本人と異なる考え方を持つことが多くあります。外国人の見方が正しいとは限りませんが、異なる視点に接することは自分の考えを精査するのに役立ちます。

日本人は相変わらず、日本株に背を向けた状態で、08年の株価急落では奏功した結果になりました。外国債券投信に対する需要は根強くありますが、最近の円高で打撃を受けました。日本の家計金融資産の約半分は依然として現預金です。日本はデフレが10年間続きましたが、消費者物価上昇率は2%まで上昇してきました。短期的には世界経済の後退懸念の高まりから、再びデフレ懸念が出てきましたが、中長期的には資源や食料の稀少性の高まり、国内では巨額の財政赤字や労働者不足を背景に、インフレ時代に入る可能性が高いでしょう。機関投資家は、短期で運用報告することが求められるため、08年のような危機になると株式に手を出せなくなりますが、長期の視点をもてる個人投資家にとっては、100年に1回の株式市場の危機は良い買い場といえるでしょう。

本書は、最近値動きが大きかった原油、食品、株式、債券、不動産などの保有や取引を明らかにすると同時に、今後どのような投資が望ましいかを指南することに目的があります。本書で用いた経済統計、株価や金利など市場データは各々調査時点のものです。本書の執筆において、メリルリンチ日本証券の日本株ストラテジーチームの永吉勇人氏と黒崎美和氏の協力を得ました。また、前書『外国人投資家』に次いで、出版の労をとっていただいた洋泉社の依田弘作氏に感謝します。

２００８年10月

菊地正俊

お金の流れはここまで変わった！＊目次

CHANGE 5

銀行や保険会社に預けられた資金はどこへ行くのか

建築基準法改正や信用収縮で不動産市況が悪化
不動産取引の活性化に寄与したJ-REIT
グローバル化する不動産取引
事業会社に求められる不動産の有効活用
空港の利便性改善は喫緊の課題
外国人観光客の誘致と移民解禁への足音

帯写真提供：ロイター／アフロ

CHANGE 1

資源・食料価格の高騰が家計を直撃した

所得が伸び悩む中での物価上昇の痛み

07年度の名目GDP（国内総生産）515兆円のうち、家計消費支出は約6割の288兆円ありました。家計消費支出は名目で前年度比1・1%増え、物価変化率で調整した実質では1・4%伸びました。名目GDPに占める輸出の割合が07年度は18%と、94年度に比べて2倍に高まり、日本経済は輸出依存度を高めていますが、GDPの構成項目としては個人消費が依然として最大のシェアを占めています。つまり、家計の消費動向が経済全体に与える影響は大きいといえます。消費の内訳は、保健医療や通信費などサービスへの支出が増えていますが、物の購入は増えていません。

日本で物が売れないのは、所得の伸び悩み、将来への不安、耐久消費財の普及飽和、買いたい物がないというミスマッチ、若者を中心とした物欲の低下などの理由が考えられます。昔は一生懸命、勉強や仕事をして、いい車に乗り、素敵な女性と高級なレストランでデートしたいという欲をもつ若者が多くいましたが、現代日本では少なくなったようです。資本主義経済は、個人に物やサービスを消費したいという欲望（グリード）がないと成長しません。もちろん欲望が行き過ぎると、バブルが発生し、サブプライムローン問題のような金融危機が起きるという負の側面もあります。新興国では、日本の高度経済成長時の新三種の神器（車、クーラー、カラーテレビ）を欲しがり、必死で働く人が多いので、その需要増を反映して、原油や原材料の価格が世界的に上昇しました。

07年度の現金給与総額は、5人以上の事業所で前年度比0・3％減少し、30人以上の事業所でも0・1％増にとどまりました。中小企業で働く労働者ほど賃金が上がりにくい状況が続いています。日本の雇用者の約7割は中小企業で働くため、賃金上昇や雇用改善には中小企業動向が鍵となりますが、中小企業は低い生産性や中国との競争など様々な構造問題を抱えています。大企業でも、企業業績の悪化から、08年夏のボーナスは6年ぶりに前年比で減りました。賃上げを抑制している民間企業はけしからんと発言する政治家がいますが、賃金は労働市場の需給関係で決まるため、政治介入が難しいのです。政治的に決められる公務員の給与も伸び悩んでいます。所得が伸びない中で、食品やガソリンなど生活必需品の価格が上昇率を速めたため、実質所得の変化率がマイナス化し、消費者心理が大きく悪化しました。

誰もが避けられないグローバル経済の影響

08年6月の全国消費者物価は前年同月比2％の上昇と、約10年ぶりの高水準になりました。年間購入頻度別の消費者物価変化率によると、生活必需品ほど値上がりが大きくなりました。年間購入頻度が0・5回の物（例えばテレビなどの耐久消費財）は前年同月比0・5％の下落とまだデフレが続いた一方、購入頻度9回以上の物（例えば加工食品）は5・5％も上昇しました。

最近の世界的な物価上昇は、燃料と食料価格の上昇率が大きいことから、Ｆｕｅｌ（燃料）とＦｏｏｄ（食料）の頭文字をとって「ＦＦインフレ」と呼ばれました。長期間デフレだった日本にも、ＦＦインフレの波が押し寄せて、消費者は肌身で値上がりを感じました。消費者は加重平均で計算される消費者物価より、食料品など身近な物の値上がりで物価を判断する傾向があるため、08年6月の日銀の「生活意識に関するアンケート調査」によると、1年後の物価が現在に比べて7％も上昇すると予想しました。

08年6月の消費者心理を示す消費者態度指数は、比較可能な82年6月以降の統計で、過去最低に低下しました。給料が上がらず、雇用情勢が悪化する中で、頻繁に購入する物やサービスの物価だけが上がるのですから、消費者心理が悪化するのは当然でしょう。

日本で賃金が上がらないのは、中国などとの競争激化の影響が大きいですし、日本で需要が伸びない食料やガソリンの値段が上がるのも、新興国の需要増加の影響が大きいといえます。日本の地方で経済のグローバル化とは無縁の生活を送っているような人たちですら、経済のグローバル化の影響を受けるようになっているのです。資源がなく、海外貿易に依存した日本が鎖国して生きていけると考えるのは、誤りです。資源小国である日本には、世界に自動車や電気製品などを売って、原油や食料などを買うしかないという構造があります。

勤労者世帯（サラリーマン世帯）の07年の1世帯当たり実収入は、1カ月平均48万円と前年比0・8％増でした。実収入とは、世帯主とその家族の月給や賞与、事業収入や内職収入を合計したものです。実収入以外の収入には、預金の取り崩しや保険金の受け取り、有価証券や不動産の売却益などがあります。実収入の85％が世帯主の収入が占め、うち70％が定期収入（月給）、14％が賞与でした。

日本は少子高齢化が他先進国より速いペースで進んでいるにもかかわらず、国民所得に占める税や社会保険料の割合はまだ低い状況です。消費者は直接税以外にも消費税や資産課税を支払っていますし、企業も法人税の支払いや社会保険料負担をしています。これら国民負担合計の国民所得比は40％であり、50～70％に達する欧州と比べれば低いといえます。

景気対策として導入された定率減税が07年から廃止され、年金保険料も17年度まで毎年引き上げられます。巨額な財政赤字と少子高齢化を考えれば、日本の将来的な増税は不可避でしょう。社会保険庁が様々な不祥事を起こしたため、年金制度への信頼は大きく揺らぎました。増税の前に、政府は資産を売却し、税金や保険料の非効率的な支出を改めるべきというのは正論ですし、年金の運用利回りの改善余地もあります。財政健全化のためには、資産売却と歳出の効率化による国のバランスシート圧縮、増税を同時に行う必要があるでしょう。

所得が低いほど食費や光熱費支出の割合が高い

消費支出の中の単独の項目で、最も高い割合を占めるのが食料で、07年に消費支出の23％を占めました。消費支出全体に占める食料支出の割合は、「エンゲル係数」と呼ばれています。発展途上国ではエンゲル係数が5割を超える国もありますが、日本でも所

図1－1　家計消費支出の内訳

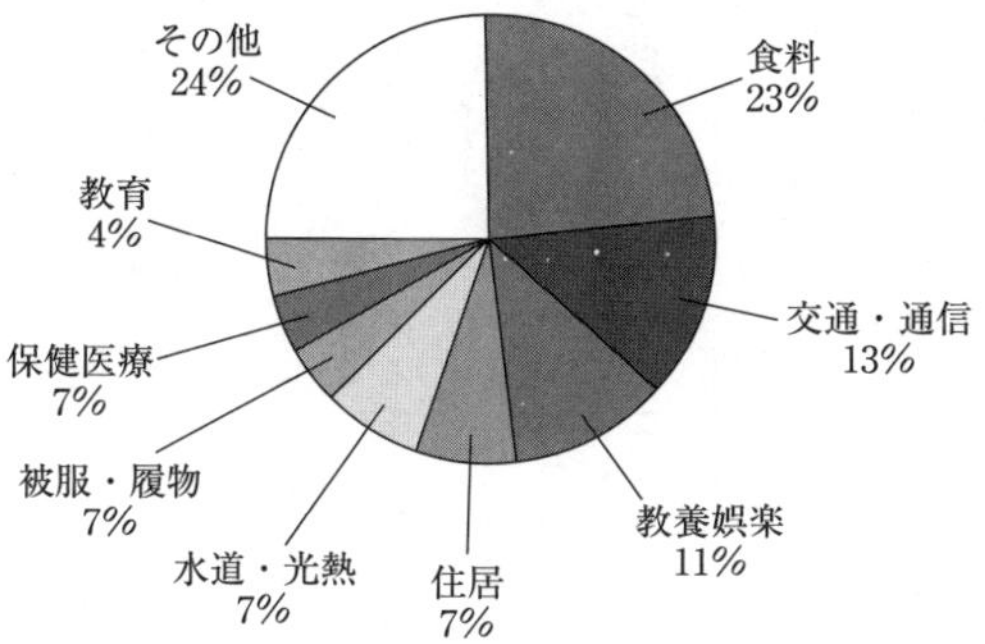

注：2007年時点
（出所：総務省）

得が低いほどエンゲル係数が高くなります。年間収入5分位階級でみて、最も低い年収350万円未満の世帯のエンゲル係数が27%だったのに対し、年収869万円以上の世帯は20%と、低所得層のエンゲル係数が高所得層より7%ポイントほど高くなっています。消費支出に占める光熱・水道費の割合も、所得が低い世帯ほど高くなる傾向があります。低所得層ほど、世界的な原油価格や食料価格の上昇の悪影響を受けやすくなっています。

消費支出の中で、2番目に割合が高い項目は交通・通信で、13%を占めました。通信費は携帯電話会社間の競争で単価が下落し、携帯電話が海外どこでも使えるようになって便利になりましたが、航空運賃の値上がりで、海外旅行へは行きにくくなりました。最近は、「モーダルシフト」という言葉が聞かれるようになりました。これは燃料費高騰に伴う自動車や飛行機から、電車や自転車への需要シフトのことです。テレビ番組は、新聞の織り込みチラシを見て、できるだけ安い商品を求めて、自転車で駆け回る主婦の姿を報じました。

消費支出の中で3番目に割合が高い項目は教養娯楽で、10％を占めました。エンゲル係数が消費支出に占める食料の比率であるのに対して、子供にかかる費用は「エンジェル係数」と呼ばれます。これは学校の授業料だけでなく、塾費用、子供の食費や衣料、医療費、小遣いなど子供にかかる全ての費用です。野村證券のアンケート調査によると、少子化を反映して07年のエンジェル係数は26％と過去最低になりました。子供に使うお金の減少とは裏腹に、日本人がペットに使うお金は一貫して増えています。90～05年に15歳未満の人口は2349万人から1752万人へと約500万人も減った一方、犬の登録頭数は389万頭から648万頭へと260万頭も増えました。もちろんペットは飼い主の癒しにはなるでしょうが、ペット自身は生産や消費活動に寄与しないため、子供の減少とペットの増加は、日本経済の将来にとっては嘆かわしいことです。

拡大する所得格差とグローバル時代の所得水準

国税庁の「民間給与実態統計調査」によると、民間企業の平均給与は97年の467万円をピークに、9年連続で減少し、06年は435万円にまで落ち込みました。よく結婚相手として年収1000万円超を望む女性がいますが、年収1000万円超の給与所得者は全体の4・5%しかいません。すなわち、年収1000万円超の給与所得者は、22人に1人しかいない計算です。家族社会学者の山田昌弘中央大学教授は、近著『「婚活」時代』（ディスカヴァー携書）で、就職活動と同じくらい本気で結婚活動を行なわないと、理想の結婚相手に巡り会えないと述べました。

所得格差の拡大はどうなっているのでしょうか。年収200万円以下の給与所得者は、98年の793万人（全体の17%）から06年に1023万人（同23%）へと増加しました。日本の労働市場の問題を野党が指摘する際に、非正規雇用が全労働者の3人に1人、年収200万円以下が4人に1人という言い方がよくされるようになりました。一方で同期間に、年収2000万円超の給与所得者は18万人から22万人に増えました。従業員5000人以上の大企業の従業員の年収を100とすると、従業員10人未満の事業所の給与は75と、4分の3相当です。経済のグローバル化で、発展途上国の労働者にはできない知的生産性が高い仕事をできる者、国際的な仕事をできる者の給料は上がりますが、発展途上国の労働者にもできるような労働しかできない者の給料は上がらない構造になっています。

賃金などの生産要素の価格が国境を越えて均等化する現象は、「要素価格均等化定理」といいます。社会主義経済にでもならない限り、金持ちや政府を批判しても、豊かにはなれない時代です。所得格差の拡大に歯止めをかけたいという政治的な意思は理解できますが、所得の不平等度を示す日本の「ジニ係数」は、OECD(経済協力開発機構)の中で中程度であり、日本の不平等度が特に大きいわけではありません。09年度からゆとり教育の見直しが始まりますが、劣化した日本の教育の質を改善し、新興国に負けない労働力を再構築することが、グローバル時代に日本の所得水準を底上げするための王道ではないでしょうか。

1700社強ある東証1部上場企業は、世の中の基準でいえば大企業でしょうが、東証1部上場企業間でも従業員の年収格差は大きくなっています。資源高の恩恵で史上最高利益を謳歌している大手商社の平均給料が、三菱商事1378万円や三井物産137

図1－2　従業員の平均年収が高い会社・低い会社

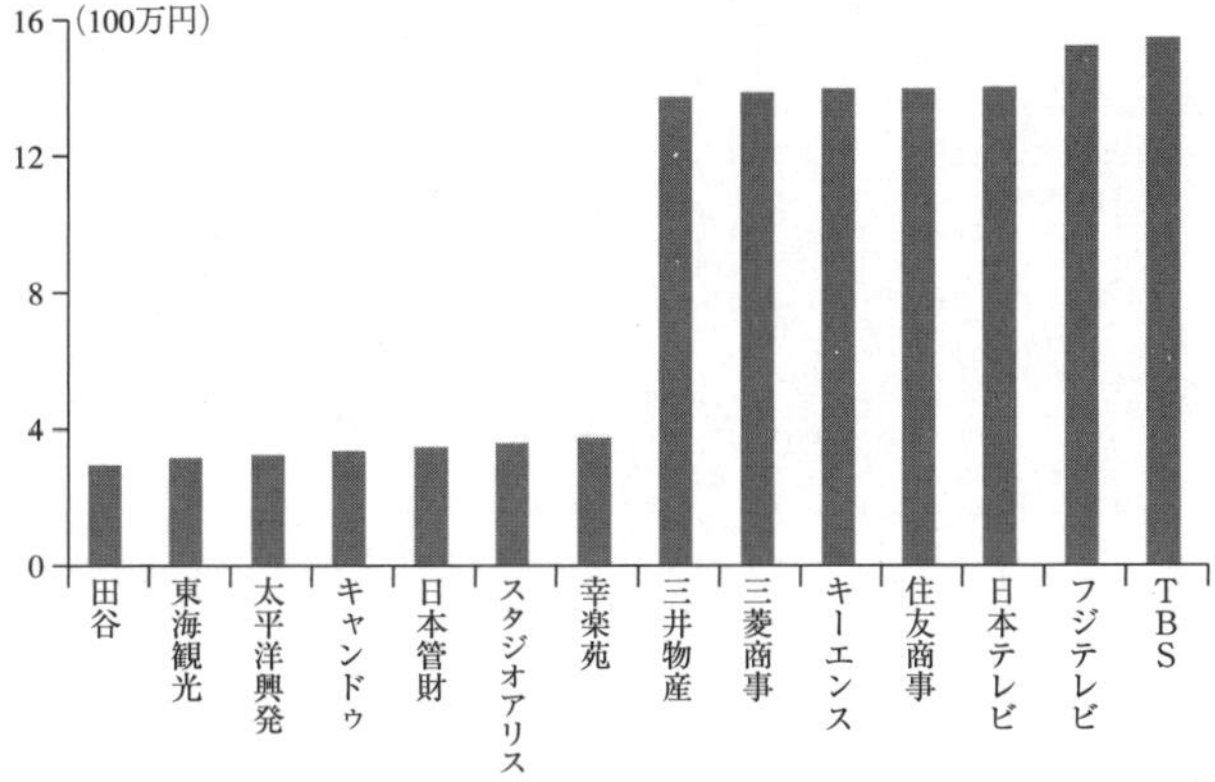

注：東証1部上場企業のうち平均年収を公開している企業、2008年3月期
（出所：東洋経済）

3万円と高いのは、経済合理性に合致します。しかし、上場企業の中で平均給料が最も高いのはテレビ局で、TBS1549万円、フジテレビ1534万円、日本テレビ1404万円などとなっています。テレビ局は業績不振で、規制に守られて高い給料を維持できる仕組みになっているにもかかわらず、金持ち批判や弱者救済キャンペーンの番組を繰り返すのは不思議な感じがします。世論形成に大きな影響を与えるとして、みのもんた氏や古舘伊知郎氏の発言に政治家も一目置いていますが、両者とも高額所得者です。逆に、東証1部上場企業で平均給料が低い企業には、美容室経営の田谷の291万円、100円ショップのキャ

ンドゥの325万円、ラーメンチェーン店の幸楽苑の365万円などがあります。

日本の最低賃金は厚生労働省の諮問会議である中央最低賃金審議会で、年1回地域毎に決められます。最低賃金と生活保護費が逆転して、働くより生活保護を受けた方が良い生活ができるという問題が起きたため、全国平均の最低賃金が07年14円、08年に15円引き上げられて時給702円になりました。労働者全体の賃金がほとんど伸びない中で、最低賃金の上昇率は年2%なので、破格の賃上げといえます。民主党や社民党は最低時給を全国平均で1000円に引き上げる主張をしていますが、労働需給を無視した賃上げは、雇用減少につながるでしょう。

所得格差が拡大している理由に、高齢化や財産所得の増加が挙げられます。高齢者世帯ほど所得格差が大きいため、人口の高齢化が進むほど、所得格差が大きくなる傾向があります。06年度までの10年間にGDP上の雇用者報酬は、260~270兆円で横ばいに推移してきました。超低金利のために、庶民が保有している預金に対する利子収入は18・5兆円から5・2兆円へと3分の1以下に減った一方、配当収入は2・5兆円から7・3兆円へと約3倍に増えています。04年度以降は、配当収入が利子収入を上回るようになっているのです。今後も金利がよほど上がらない限り、マクロ的には配当収入が利子収入より大きいという状況が続くでしょう。GDP以上に拡大する企業収益、利子収入以上に拡大する配当収入から恩恵を得るために、一般の人々へ株式保有を広げる必要があります。

家計資産の6割は金融資産、うち半分は現預金

フロー（所得）からストック（資産）に目を移してみましょう。内閣府の「国民経済計算確報」によると、日本の家計（個人企業を含む）は06年末に、2576兆円の資産をもっていました。負債が385兆円あったため、資産から負債を引いた正味資産は、2193兆円でした。資産を実物資産と金融資産に分けると、1004兆円が実物資産、1572兆円が金融資産で、比率でいうなら、実物資産が約4割、金融資産が約6割です。実物資産の約4分の3に当たる762兆円が土地でした。過去10年に金融資産が289兆円増えましたが、地価下落により、実物資産が372兆円減ったため、総資産は83兆円減りました。

金融資産に限れば、もっと新しいデータが利用可能です。日銀の「資金循環統計」によると、08年3月末の家計金融資産は1489兆円と、3年ぶりに1500兆円を下回

りました。家計金融資産は前年に比べて減ったとはいえ、10年前に比べれば200兆円も増えた形です。名目GDPは500兆円強で横ばいだったため、家計は何とかやりくりしながら貯蓄を増やしたといえます。日本では汗水を流して働くことが美徳とされ、資産運用は財テクと呼ばれて、評価されない風潮がありますが、豊かな暮らしをするためには本来、自分が働くとの同じくらい、お金に働いてもらうことが重要です。

08年3月末の金融資産の内訳を前年度末との比較をみると、預金が前年度比6・2兆円増えた一方で、株価下落によって、株式が33兆円、投信が1・6兆円減りました。家計金融資産に占める預金の割合が、07年3月末の47%から08年3月末に49%と高まった一方、投信の割合は約4%のままで、株式の割合が7%から5%へ低下しました。株式の割合は89年3月末のバブルのピーク時には11%強でしたから、株式の割合は半分以下に低下し、政府が進めようとした預貯金から投資への家計金融資産のシフトは起きていません。預金に現金を加えた現金・預金の割合は、50%前後で安定的に推移しています。ちなみに、郵便貯金の家計金融資産に占める比率は12%です。

我々は何気なく銀行や郵便局にお金を預けますが、1000万までの元本保証があるためか、低金利に不満を述べるくらいで、そのお金がどうやって運用されるのかあまり考えてきませんでした。サブプライムローン問題が世界中の金融市場を揺るがしていますが、日本では不良債権問題が終わったため、銀行の安全性があまり議論されなくなりました。しかし、日本でも大手銀行や生損保から、信金やＪＡ（農協）まで、米国住宅関連の証券化商品に投資していました。金融庁の集計によると、日本の預金取扱金融機関のサブプライム関連商品の保有額（簿価）は07年末の１・５兆円から、08年6月末に1兆円弱に減りましたが、07年４月以降の累計実現損失は７５４０億円に達しました。金融機関の活動がグローバル化する中で、日本の家計が保有する預貯金や保険商品も、サブプライムローンに間接的に晒されていることを理解しておくべきでしょう。

家計の株式保有は少ないが、株価変動の間接影響は大きい

08年3月末に家計金融資産に占める保険・年金準備金の割合は27％、債券が占める比率は３％でした。仮に、渡辺さんという平均的な日本人が５００万円の金融資産を持っていたとすると、その内訳は２４５万円が預金、１３５万円が保険・年金、47万円が株式・出資金、20万円が投信、15万円ずつが債券と現金、23万円がその他ということになります。

米国の家計金融資産の内訳と比べると、日本の家計は現金・預金の割合が3倍以上である反面、株式・出資金や投信は3分の1です。投信や確定拠出年金を通じて、株式が大衆資産になっている米国と異なり、日本では一般家庭にとって株式はまだ遠い存在のようです。証券教育広報センターが06年6月に行なったアンケート調査によると、株式を保有していると答えた成人は13％のみでした。しかし、たとえ株式をもっていなくても、株価が下落すれば景気に悪影響を与えますし、年金運用も悪化して将来の年金受取額が減るため、株式保有の有無にかかわらず、株価変動の家計への影響は大きいのです。

本来、資本主義社会の根幹ともいうべき株式投資を、未だに投機や悪行とみる風潮があることは残念に思います。そういう意味で、粉飾決算や不正取引で、株式取引や起業家のイメージを大きく悪化させてしまったライブドアの堀江貴文元社長は批判されるべきでしょう。08年7月に堀江被告は東京高裁で、粉飾決済事件では異例ともいうべき、2年4カ月の実刑判決を受けました。今回のサブプライムローン問題で、株式をさらに悪役扱いする風潮が出てこないことを願います。

日本の家計金融資産に占める外貨預金の割合はわずか0・3％です。4％を占める投信の46％が対外証券投資であることを加えても、家計金融資産のうち外貨資産が占める

図1－3　日米の個人金融資産の内訳

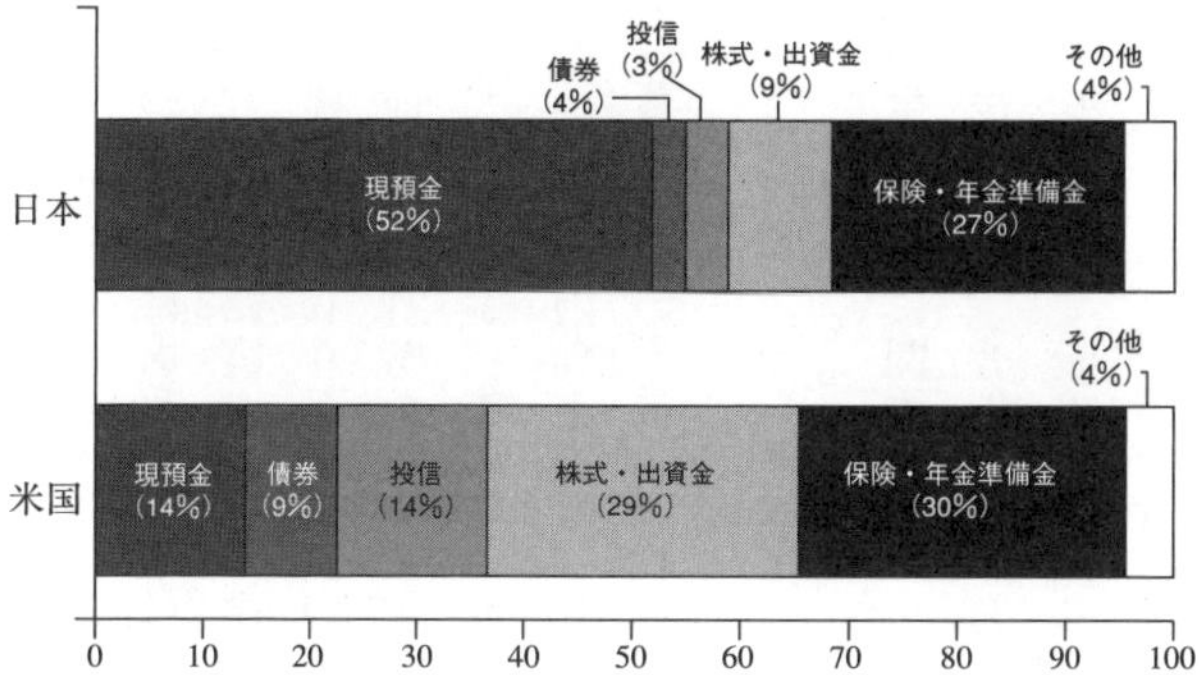

注：2008年3月末時点、資産額は日本が1,490兆円、米国が44兆ドル
（出所：日銀）

割合は約2％ということになります。家計金融資産は円資産に偏っており、国際分散投資ができていない状況です。保有資産が自国資産に偏っている現象は「ホームバイアス」と呼ばれ、他国でも見られる現象ですが、日本の家計資産のホームバイアスは並外れて大きくなっています。

家計資産総額は、兆単位の数字でイメージが沸きにくいので、総務省の「家計調査」で1世帯当たりの貯蓄をみてみましょう。2人以上の世帯の1世帯当たりの貯蓄残高は07年平均で前年比0・2％減の1719万円となりました。この数字は、自営業者などの高所得層が高い貯蓄を持つため、平均値が高めに出る傾向があります。人数的にちょうど真ん中の人の貯蓄高を表す位数（メディアン）は1018万円でした。勤労者世帯（いわゆるサラリーマン）に限ってみると、平均が1218万円、中位数が783万円ともっと実感にあった数字になります。

一方で、世界的に富が一部の金持ちに集中してきています。日本でも2人以上の世帯で、貯蓄残高が100万円未満の世帯が2人以上の世帯に占める割合は9％、500万円未満の世帯が同31％を占めます。4000万円以上を保有する世帯は全体の11％を占めるに過ぎませんが、これらの世帯が貯蓄全体の41％をも保有しています。07年に貯蓄が全くない世帯は21％となり、10年前に比べて倍増しました。すなわち、5世帯に1世帯が無貯蓄世帯という厳しい状況が到来しています。

家計資産のインフレヘッジが必要

日銀の生活意識に関するアンケート調査によると、08年6月に一般の人々は消費者物価が1年後に7％、3年後に5％に上昇すると予想しているにもかかわらず、一般家計はインフレによって元本が目減りする可能性が高い現預金に半分以上資金を寝かしています。08年6月の全国消費者物価上昇率が前年比2％だった一方、1年定期預金金利は

0・4%だったため、実質金利はマイナスで、目減りが始まっていることを示します。しかし、05年3月まで人々の1年後のインフレ期待はゼロでした。わずか2年の間に人々が高いインフレ期待をもつようになったのは、日常的に頻繁に購入する食品や日用品が大きく値上がりしたためです。

賃金が上がらず、将来不安も残りますが、人々の金融資産はインフレヘッジできていません。足元は世界の金融市場の混乱により、「現金が王様」の状況になっていますが、インフレ期になれば、インフレヘッジ機能がない現預金や債券から、株式へ資金シフトすべきです。債券や預金では将来受け取れる利子収入が固定されていたり、またはインフレ率上昇より利上げが遅れる傾向があるため、インフレ期の実質収益率は悪くなります。一方、企業はインフレ期に製品価格を値上げして収益を改善することができるため、株式は本質的にインフレヘッジ機能がある金融商品です。インフレの主因が資源価格高騰にあるならば、石油や金などの商品への投資が、インフレに対するヘッジ機能として最も有効です。

今後、インフレで金利が上昇した場合、最も恩恵を受ける主体が、大きな純資産を持つ家計、特に金融資産が豊富な高齢者です。逆に、政府や事業会社は金利が上昇すれば、利払い増加の悪影響が避けられません。国家財政を預かる財務省は低金利の継続が望ましいと考えるでしょうが、利上げと低金利維持のどちらが望ましいか、政治家間では意見が分かれています。金利上昇は、政治家の有力支持基盤である家計、特に高齢者に恩恵がある一方、負債が多い中小企業にとって打撃になるため、どちらを重視するかによって意見が分かれます。金利上昇が株式市場にとってプラスか、マイナスかは経済状況に依存します。長期金利が上昇しているような景気が良い時期であれば、利上げは株式にとってプラスに働きます。逆に、タイミングの悪い利上げが景気減速懸念や長期金利の低下につながるような時期であれば、利上げは株式にとってマイナスになります。

世界の富裕層の資産運用とは?

メリルリンチは調査会社のキャップ・ジェミニと、年1回、「ワールド・ウェルス・レポート」と呼ばれる世界の富裕層の資産調査を行っています。この調査では、住宅以外の純資産を100万ドル（約1億円）以上保有する者を、高額資産保有者（HNWI=High Net Worth Individuals）と定義しています。世界のHNWI数は07年に前年比6％増えて1010万人となりました。

図1－4　世界の個人富裕層の資産配分

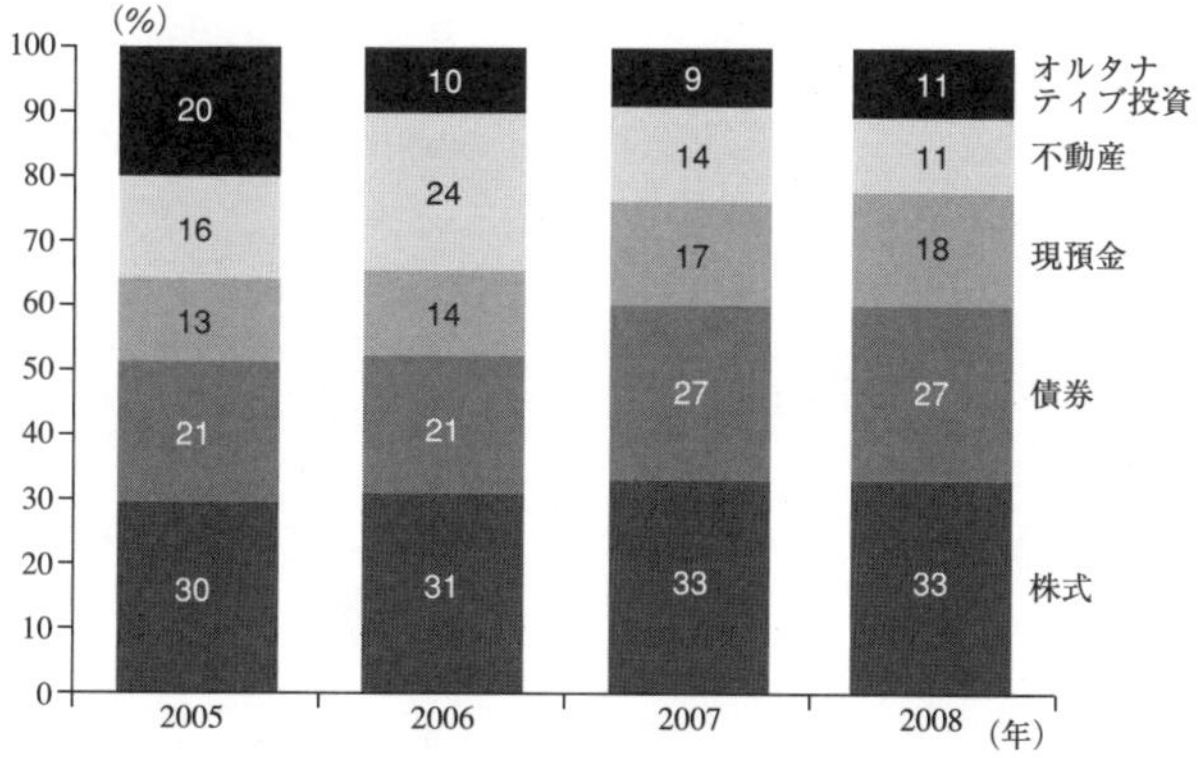

注：個人富裕層は金融資産100万ドル以上を保有している者
（出所：メリルリンチ）

地域別のＨＮＷＩ数が多いのは北米３３０万人、欧州３１０万人、アジア太平洋２８０万人の順です。国別では、インド、中国、ブラジルが高い伸びを記録しました。ここからもＢＲＩＣｓ（ブラジル、ロシア、インド、中国）を中心とする新興国パワーの増大が明らかです。私はＢＲＩＣｓのうちブラジル以外の３カ国を訪問したことがありますが、これらの国々の金持ちパワーには圧倒されます。最近は香港だけでなく、中国本土の投資家も日本株にとって重要な投資家になってきました。

ＨＮＷＩの保有資産額は07年に前年比９％増えて41兆ドル（４３００兆円）となりました。ＨＮＷＩ１人当たり平均の保有資産額は、初めて400万ドル（約4億円）を超えたことになります。07年後半の世界の金融市場の混乱を反映して、高額資産保有者の資産配分は安全指向を強めました。安全指向を強めたとはいえ、世界の富裕層は、資産に占める株式や不動産、ヘッジファンドなどのオルタナティブ投資の比率が高いため、08年の金融混乱で大きな損失を被ったと推測されます。ただ、富裕層は短期の資産価格の下落に耐えられるだけの余裕資産を保有しているといえ、資産運用は長期的視点で行っています。

CHANGE 2

資源価格の上昇で誰が得をしたのか

世界景気鈍化にもかかわらず原油価格高騰

08年に入り、日米とも景気後退懸念が強まる中で、原油価格は7月に1バレル＝147ドルと史上最高値を更新しました。原油価格は01年末に17ドル以下だったため、6年半で約8倍にも上昇したことになります。しかし、サブプライムローン問題が深刻になり、世界経済の後退が明確になるにつれて、原油価格は9月に一気に90ドルまで急落しました。原油価格が急落したといっても、07年末の水準に戻っただけで、歴史的にみれば、まだ高水準にあります。世界経済の後退が長引けば、原油価格は一段と下落する可能性がありますが、新興国の需要増加を背景とした原油価格の中長期的な高止まりが続くと予想されます。

原油をはじめとする資源や食料の価格体系が新しいレンジにシフトし、商品（コモディティ）とお金（ペーパーマネー）の中長期的な関係が変化した可能性が高いと考えられます。商品投資で世界的に有名な投資家のジム・ロジャーズ氏も、商品市況の上昇は通常15年程度続くので、99年に始まった商品の強気相場は終わっておらず、08年半ばの下落は長期的な上昇相場の中の踊り場に過ぎないと指摘しています。

近年の原油高の背景には、新興国からの原油需要の増加がありました。22の商品先物で構成されるCRB（Commodity Research Bureau）指数と、先進国経済の先行きを示すOECD景気先行指数は長期的に相関が高かったのですが、07年後半以降はOECD景気先行指数が低下する中で、商品価格の上昇が続きました。これはOECDに属さない新興国からの需要増が、商品市況高騰の主因であることを示しました。73年に世界の原油需要の73％を占めていたOECDのシェアは、05年に60％に低下し、30年に約半分にまで低下すると予想されています。IEAが08年7月に発表した5年中期予想によると、世界の原油需要は08年の8687万バレル／日から年平均1・6％で増加して、13年に9414万バレル／日となる見込みです。日米欧の石油需要は減少が見込まれており、増加分の9割は新興国需要との予想です。

商品価格は需要と供給で決まります。第1、2次石油危機は中東の石油供給減によって引き起こされたサプライショックでした。08年の原油高も、供給側の問題としては、イランとイラクの地政学的リスクの高まり、ベネズエラの油田国有化をはじめとする資源ナショナリズムの高揚、ナイジェリアで武装勢力によるパイプラインの破壊、北海油田のパイプラインの停止などの背景がありました。米国を中心とする原油増産要請に対して、世界の原油供給の約4割を占めるOPEC（石油輸出国機構）は、原油は十分に供給している、原油高はOPECの責任ではなく、投機マネーの流入のせいだとして、原油の大幅増産に対し慎重な姿勢を貫いてきました。逆にOPECは原油価格が急落した9月に、原油生産量を日量50万バレル減産することを決定し、OPECの高価格維持戦略を浮き彫りにしました。

原油価格高騰の恩恵は中東やロシアへ

07年の原油生産で最も多かったのはロシアで、世界シェア13％を占めました。2位はサウジアラビアで、シェア12％でした。3位は米国で7％ですが、米国は原油輸入が多いため、原油高から恩恵を受けません。4位は米国と政治的緊張が強まっているイランで5％でした。ロシアと中東産油国が、原油高から大きな恩恵を受けたことになります。原油価格の上昇で懐が潤ったロシアは軍事・外交で攻勢に出ました。ロシアは08年8月に隣国グルジアを侵攻し、新冷戦時代が始まったともいわれました。

原油生産ではなく、原油ストックをみると、原油確認埋蔵量が最も多いのがサウジアラビアで、世界の原油確認埋蔵量の20％を占めています。カナダがオイルサンド（石油

図2－1　世界の原油の確認埋蔵量と可採年数

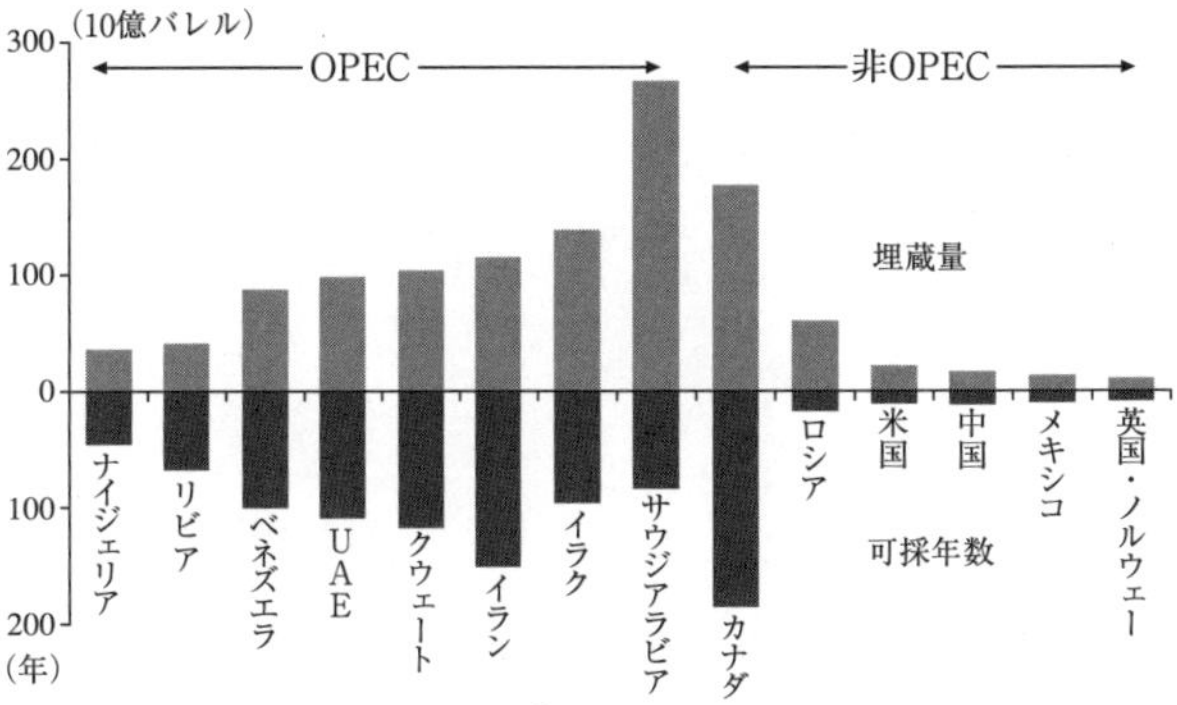

注：2007年末時点、カナダはオイルサンド含む
（出所：石油連盟）

を含んだ砂岩）を入れると、2位で13％のシェアです。3位はイラン、4位はイラク、5位はクウェートの順で、ロシアの原油確認埋蔵量はそれほど多くありません。中東は原油採掘コストが低いので、地面からドル紙幣が湧き出るような感覚だったでしょう。

原油価格の上昇基調が続いているのは、供給側より需要側に主因があったからです。つまり、中国をはじめとする新興国の原油需要が強いため（または中長期的に需要が根強いという見通しがあるため）です。07年の国別の原油消費のシェアは、米国が1位で24％を占めます。2位は中国の9％です。日本は02年まで世界2位の原油消費国でしたが、03年に中国に抜かれ、07年時点のシェアは6％と世界3位になりました。4位はインドでシェア3・2％でしたが、インドの原油消費順位は前年の6位から4位に上昇しています。5位はロシア、6位がドイツです。

原油消費量の伸び率を07年までの10年間でみると、日本の原油消費は12％も減少しました。米国の原油消費量は11％増えたに過ぎませんが、中国とインドの原油消費は各々1・9倍、1・5倍に増えました。01年に日本の半分以下だった中国の自動車販売台数は06年に日本を追い抜き、08年は1000万台弱と日本の2倍近くに達すると予想されています。中国は93年に原油輸入国に転じて以来、急激なモータリゼーションを背景に原油輸入量が急増しています。中国の大都市は車の渋滞と排ガスが酷いのですが、大都市間の高速道路網の整備には目を見張るものがあります。これまで米国売上率が高かった日本の自動車メーカーも、中国をはじめとするアジア市場への依存度を高めています。

日本では若者が自動車にあまり乗らなくなり、07年度の国内新車総販売台数（軽自動車を含む）は前年度比5％減の532万台と、26年ぶりの低水準になりました。日本は世界一エネルギーの使用効率が良い国であるとともに、人口減少でエネルギー需要は増えません。一方、新興国では金持ちになっていい車に乗りたい、いい家に住みたいとが

図2－2　国別の石油の消費量

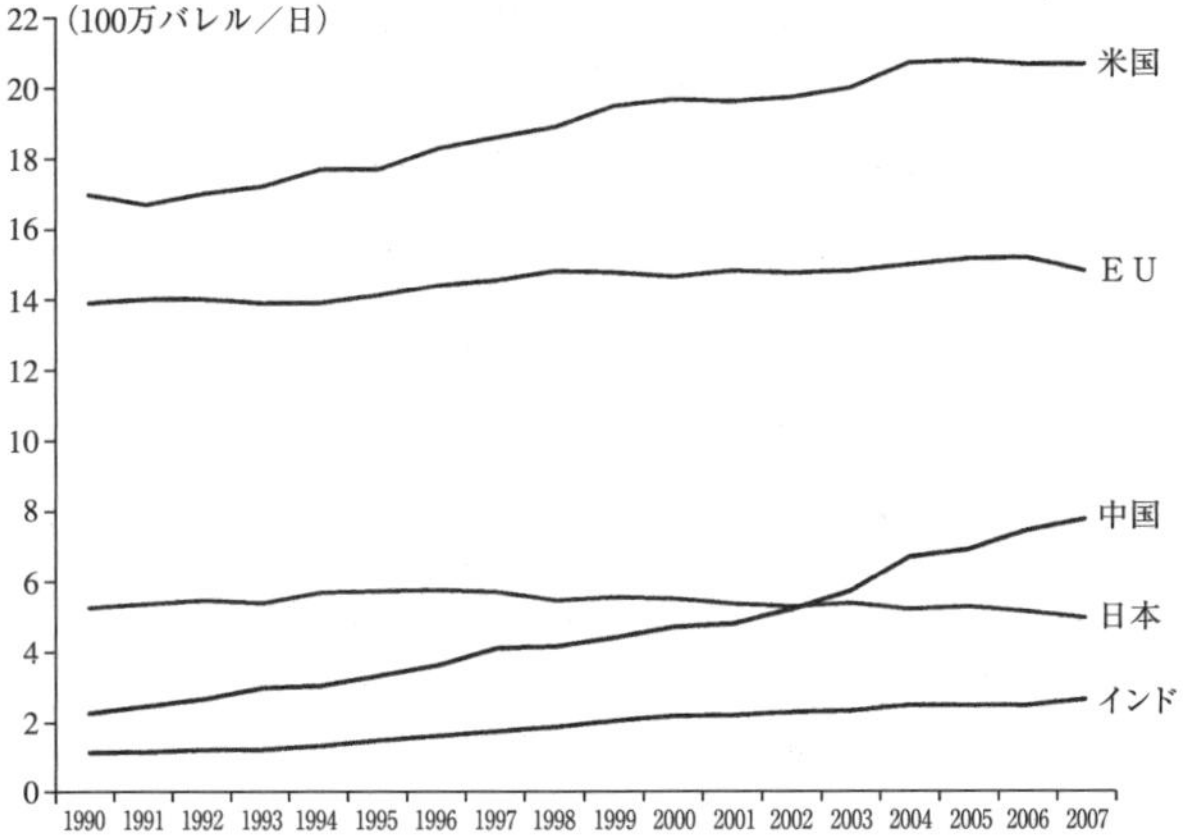

（出所：BP）

むしゃらに働く若者が多く、しかも、人口が増え続けているので、エネルギーへの需要が増えるのです。

投機資金も商品市場に流入

原油高には実需の増加だけでなく、投資マネーの流入も寄与しました。投資マネーの正確な統計的把握は困難ですが、マクロ的な資産価格の変動を予想して売買するヘッジファンドや、CTA（商品投資顧問）の資金が原油先物市場に大量に流入したと推測されます。米国で先物取引を監督するCFTC（商品先物取引委員会）によると、ニューヨーク・マーカンタイル市場の最近の原油取引の約7割は投機的トレーダーのポジションです。00年にこの投機比率は37％でしたが、投機取引には定義の問題があります。以前ＣＦＴＣは、投機比率は30％程度と主張していましたが、政治家がスワップディーラーを投機家に分類するように要請したため、投機比率が急上昇した面があります。

ＣＴＡは商品、株価指数、債券、通貨などの先物を中心とするディリバティブ（派生商品）を積極的に売買するファンドです。天候に左右される商品先物の取引は、移動平均線からの乖離率などテクニカル分析が重要です。ある商品先物に強気の場合は買い持ちにし（ロング）、様々な先物取引の様々な限月取引の相関関係を統計的に分析して、売りと買いを同時に行ったりします（アービトラージ）。米国調査会社バークレー・ヘッジによると、サブプライムローン問題から世界的に株価が下落した07年も、世界のＣＴＡの運用収益率は７％と高成績を達成しました。商品価格の上昇やドル安が運用成績の向上に寄与しました。ＣＴＡの07年末の運用資産残高は、前年比12％増の１９００億ドル（約20兆円）と過去最高になりました。

自らが石油会社の経営者でもあったブッシュ大統領は石油業界寄りの政策を採ってきたといわれます。しかし、ガソリンの平均小売価格が初めて１ガロン＝４ドルの大台を

図2－3　商品関連ディリバティブの想定原本

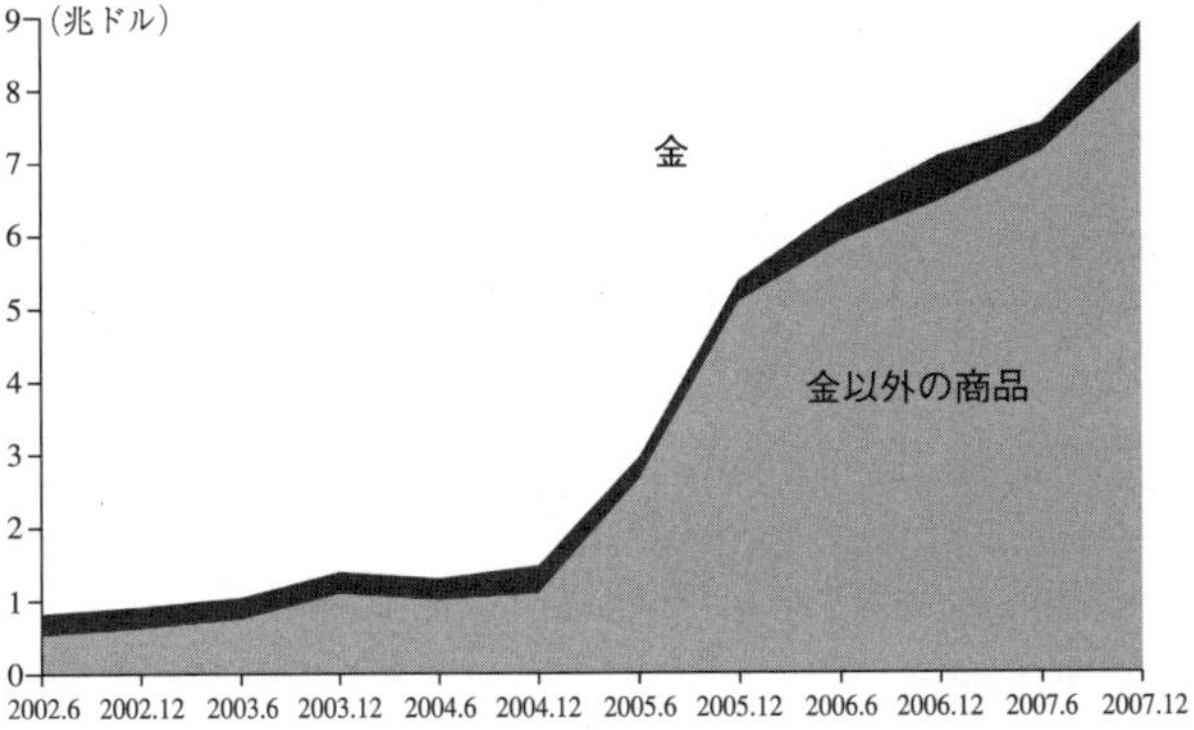

（出所：BIS）

突破して、ガソリン高の一般庶民の生活への悪影響が顕在化してきたため、原油取引への投機を抑制しようという政治的な力が強まり、08年7月の洞爺湖サミットでは、「商品先物市場の透明性の向上へ各国当局はさらなる協力をする」と謳われました。

ＣＦＴＣのウォルター・ルッケン委員長は、議会証言で、先物市場の管理強化と透明性向上、市場機能強化のための多くの措置を採っていると述べました。ＣＦＴＣは規制外にある９兆ドル（約９５０兆円）の店頭商品取引について、調査して議会へ報告する予定になりました。オバマ大統領候補もエンロン・ループホール（エネルギー商品を電子取引や店頭取引する場合、ＣＦＴＣの規制を受けないようにした条項）の削除を主張しました。米国では商品市場での投機抑制に向けて、年金の商品投資への規制、必要担保の引き上げ、取引上限の設定などが議論されました。

07年以降、内外投資家が米国資産から商品へ資金をシフトさせた結果、ドル安と原油高が同時進行するようになりました。米国最大の年金基金であるカリフォルニア州職員退職年金基金（カルパース）は、07年12月に資産配分における債券の比重を引き下げて、インフレ連動資産や不動産の比重を引き上げると発表しました。運用資産の5％が投資されるインフレ連動資産とは、商品、インフレ連動債券、インフラ（道路や橋など）、森林やバイオ燃料です。

資源ナショナリズムの高揚

73年の第1次石油危機前までは、欧米の石油メジャーズ（現在のエクソン・モービル、ロイヤル・ダッチ・シェルなど）が原油生産量の約7割、石油製品販売量の6割を支配していました。しかしその後、資源ナショナリズムが台頭し、油田の権益が次々と国有化され、資源国の国営石油会社が大きな力を発揮するようになりました。世界の原油の確認可採埋蔵量のうち約8割を、国営石油会社が支配するようになったのです。サウジアラビアのサウジアラムコや、ロシアのガスプロムなどが代表的な国営石油会社です。

ロシアの現大統領のドミトリー・メドヴェージェフ氏はガスプロムの会長でした。ロシアのガスプロムは、三井物産、三菱商事、ロイヤル・ダッチ・シェルの共同出資によるサハリンの資源開発会社であるサハリンエナジー社の株式も半ば強引に過半数取得してしまいました。米国と激しく対立するチャベス大統領が率いるベネズエラも油田の国有化を進めています。資源は政治が不安定な地域に豊富に存在しているうえ、資源国のナショナリズムは今後も変わらないと予想されるため、日本は資源ナショナリズムと上手につきあう必要があるでしょう。

中東は原油産地としてだけでなく、人口増加や購買力の高まりを背景に、消費地としても注目され始めています。現在世界のムスリム人口は15億人と、世界の総人口の約4分の1を占めますが、それが30年代には3分の1に高まり、キリスト教を抜いて世界最大の宗教になると予想されています。個別国の人口はエジプト、トルコ、イランが7000万人台で最も多く、イラクとサウジアラビアが2000万人台で、他は数百万人という小国が多数です。

中東の人口を合計すると約3億人と、米国並みになります。人口減少時代を迎えた日本と異なり、中東の人口は25年にかけて現在より3割程度増える見込みです。人口急増は若年層の高失業率や犯罪増加などの社会問題を引き起こしていますが、消費市場としては将来有望でしょう。07年度に日本の米国向け輸出は前年比で3％減りましたが、中東向け輸出は33％も増えました。過酷な中東の気候の中で、性能が良い日本車は人気を博しています。

台頭する政府系ファンド

98年に赤字だったOPECの経常収支は、原油価格の高騰で07年に3343億ドル（35兆円）の黒字に転じました。これは日本の07年の経常黒字の約1・4倍の金額です。OPECの経常黒字は08年に5000億ドル（52兆円）程度にさらに膨れ上がると予想されています。近年、世界の資本市場でよく聞かれるようになった言葉に、「政府系ファンド（ソブリン・ウェルス・ファンド）」があります。政府系ファンドに明確な定義がある訳ではありませんが、石油輸出収入、外貨準備、年金積立金などを公的部門が別組織で運用する資金です。中東の政府系ファンドは石油収入の増加で投資余力が拡大し、世界中で目立つ投資を行うようになりました。

中東では昔からUAE（アラブ首長国連邦）のアブダビ投資庁（ADIA）やクウェートのクウェート投資庁（KIA）が大手投資家として有名でした。サウジアラビア通貨庁（SAMA）は資産管理も行っていますが、中央銀行でもあるため、定義により政府系ファンドに分類される場合と分類されない場合があります。政府系ファンドは、個別銘柄の投資先まで明らかにするほど情報開示が良いノルウェーの政府年金基金を別にすると、投資先どころか総資産も公表していない機関が多数です。

中東の政府系ファンドは中東から運用される分と、欧州、特にロンドン経由で運用される分があるため、中東マネーは英国投資家の投資姿勢の影響を受けやすいといえます。中東諸国が原油高で金持ちになったため、急に中東詣でをする世界の投資家が増えましたが、中東マネーとの付き合いには長期にわたる信頼関係の構築が重要です。ロンドンに行くと、空港、デパート、レストラン、大学までアラブ人が多く見かけられます。昔からオープン経済を掲げて、中東の人と資金を惹きつけてきた英国と中東の関係の深さが垣間見えます。

政府系ファンドは、サブプライムローン問題で自己資本を毀損した欧米金融機関に大

図２－４　OPECの石油輸出額と経常収支

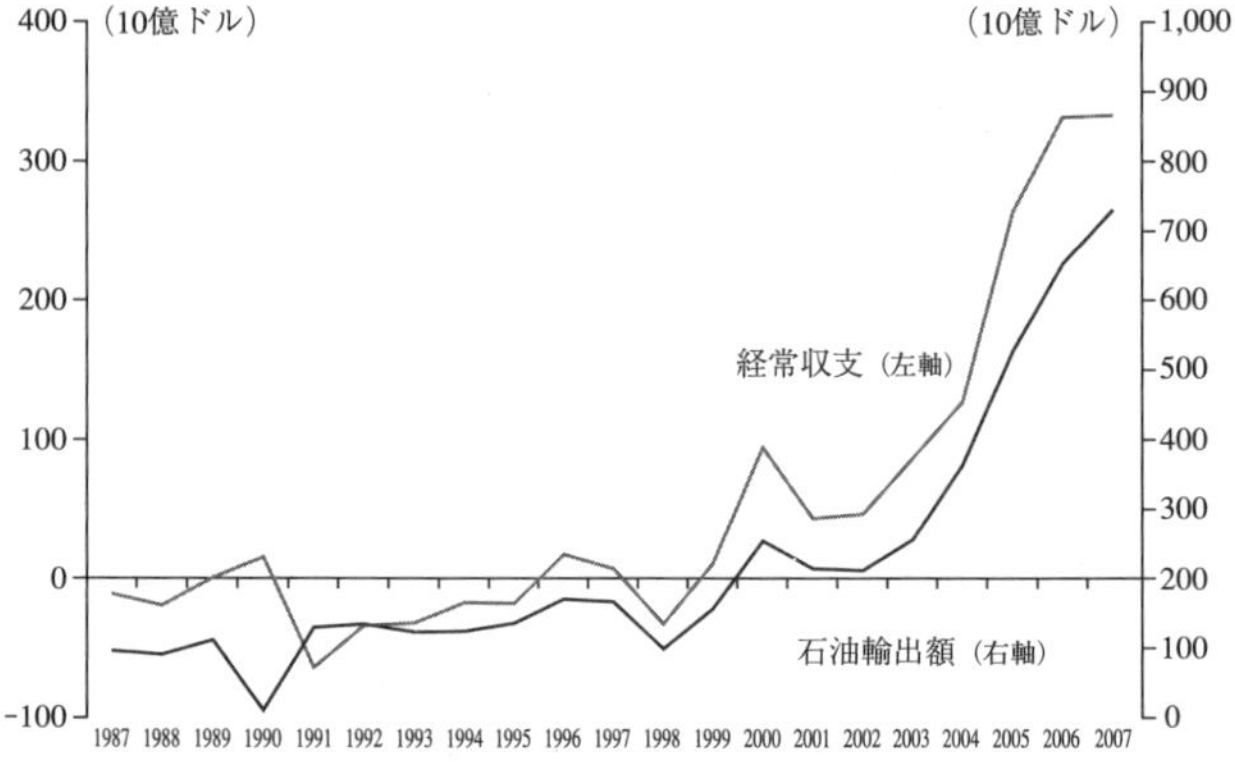

（出所：OPEC）

規模な出資を行いました。ＵＡＥ最大の商業・観光都市であるドバイは、高層ビル、商業施設、リゾートの開発が相次ぎバブル的な様相を呈していますが、中東の政府系ファンドは有り余る資金の投資先を見つけるのに困っています。ただ、巨額の運用資産をもつオイルマネーや政府系ファンドでも、今回の金融危機はサポートしきれなかったということです。

中東の政府系ファンドは、先進国の企業の支配権を握りたいというより、原油が枯渇してしまうかもしれない将来のために有利な長期投資を行いたいという意欲が強いといえるでしょう。07年９月にコスモ石油は、ＵＡＥの国際石油会社から20％の出資を受け入れました。歴史と政治関係では英国をはじめとする欧州と中東の関係の強さに日本は敵いませんが、日本は中東が将来の国づくりのために必要としている技術をもっているため、日本は中東の政府系ファンドにとって魅力的な投資先になり得ると考えます。

ドル・ペッグと米国債保有

原油収入で好景気を謳歌する中東産油国にとって頭が痛い問題が、米ドルの下落です。原油収入はドル建てであるうえ、湾岸協力会議（GCC）に属するサウジアラビア、UAE、カタール、オマーン、バーレーンは、クウェートを除き自国通貨を米ドルに連動させています。米国がサブプライムローン問題で利下げを積極的に行うと、これらの国もドル・ペッグ制を維持するために、金融緩和を行わざるを得なくなりました。好景気なのに金融緩和する訳ですから、国内の過剰流動性やインフレを悪化させてしまいます。

しかし、中東産油国、特に最大の産油国であるサウジアラビアがドル・ペッグ制を止めるということになれば、米ドルが暴落し、ドル建ての石油収入のみならず、大量に保有している米国債の価値が急減してしまいます。そのような事態になれば、外債投信などを通じて米国債を保有する日本の家計への影響も避けられません。ドル・ペッグ制廃

図2－5　米国債券の国別保有額

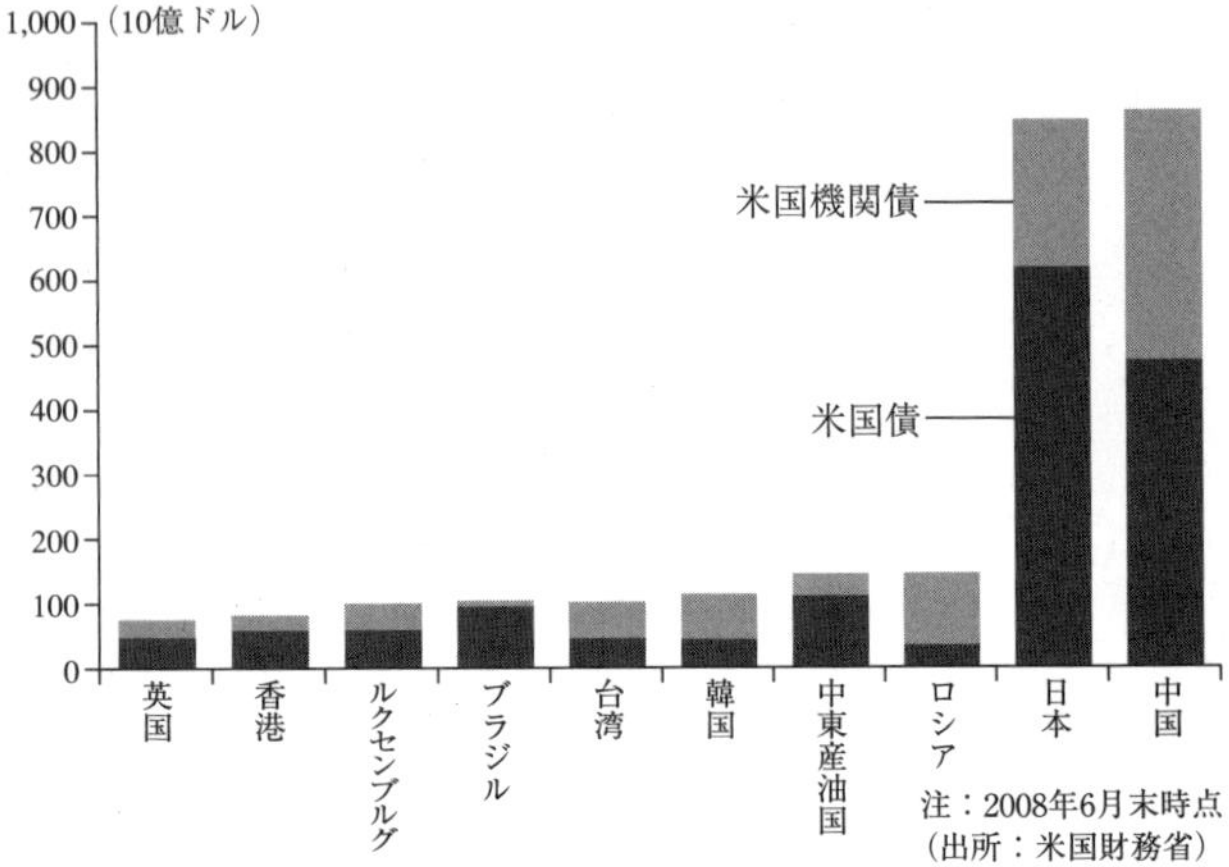

注：2008年6月末時点
(出所：米国財務省)

止は自分の首を絞めてしまう経済的リスクが高いこと、また中東で圧倒的軍事的プレゼンスをもつ米国への政治的配慮などから、中東産油国は当分ドル・ペッグ制を維持するでしょう。GCC国は10年に域内単一通貨を導入するという目標を掲げていますが、実際に共通通貨が導入されるのはかなり先になると思われます。

日本は、08年6月末時点で米国債の海外保有分のうち28％を保有する最大の保有者です。2番目の保有国は中国で、22％を保有しており、2カ国で4割のシェアを占めています。中東産油国合計では、米国債の海外保有分に占める比率は5％でした。しかし、2年前に比べた米国債保有額の伸び率をみると、日本は7％減ったのに対して、中国は6割増、中東産油国に至っては米国債保有額が2倍に増えました。農産物輸出が好調なブラジルの米国債保有額は4倍に増え、シェアも4％に達しています。ロシアの保有シェアはまだ1・5％ですが、保有額は2年前に比べて26倍に増えました。米国債保有でも、ＢＲＩＣｓの存在感が高まっているのです。

米国では10月初めに、7000億ドル（73兆円）の公的資金を活用して、金融機関から不良資産を買い取る「緊急経済安定化法」が成立しました。その財源として大量の国債が発行されて、最終的に米国債を購入するのは、日本や中東、ＢＲＩＣｓなどの経常黒字国になると予想されます。米国のマネーゲームの失敗をなぜ日本が尻拭いしなければならないのかという感情論もありますが、米ドルの暴落を回避して、世界の資本主義を救うためには、こうした国際資金フローにならざるを得ないのです。

黒いダイヤの輝きを取り戻す石炭

近年、原油価格のみならず、石炭価格も急騰しました。08年度の日本の石炭輸入価格は、発電用石炭で前年比2倍超、鉄鋼原料用石炭で3倍超に引き上げられました。昔、私が通った小学校では石炭ストーブが使われていましたが、その後石炭を一般に見かけることはなくなりました。現代日本で石炭は、鉄鋼原料や発電用などに用いられています。

石炭価格が上昇すると、鋼材価格の上昇を通じて、マンションや自動車の価格上昇、電力料金の上昇につながるため、一般家計の支出にも影響します。建設用の棒鋼や機械に使う熱延厚板の流通価格は、1トン当たり10万円台と34年ぶりの高水準に上昇しました。石炭価格が2～3倍に上昇することによる日本の08年度のコスト負担増は2兆円超と、消費税引き上げ1％分にも相当する金額です。

原油同様に、石炭も中国の需要増加の影響が大きい資源です。中国の発電設備容量は06年の6億キロワットから、20年に13億キロワットへ倍増すると予想されています。中国はエネルギー源の多様化を図っていますが、発電量の約8割が石炭火力です。中国は世界の石炭消費量の3割強を占め、2位の米国と合わせると世界の石炭消費の過半数を占めます。中国の粗鋼生産量は、96年に日本を抜いた後も一本調子に増加を続け、07年は4・9億トンと日本の4倍にもなりました。中国の電力需要、ビル建設やインフラ整備、自動車販売の増加が、中国の鉄鋼生産の拡大、ひいては石炭需要の増加に結びつい

図２－６　世界の石炭消費量

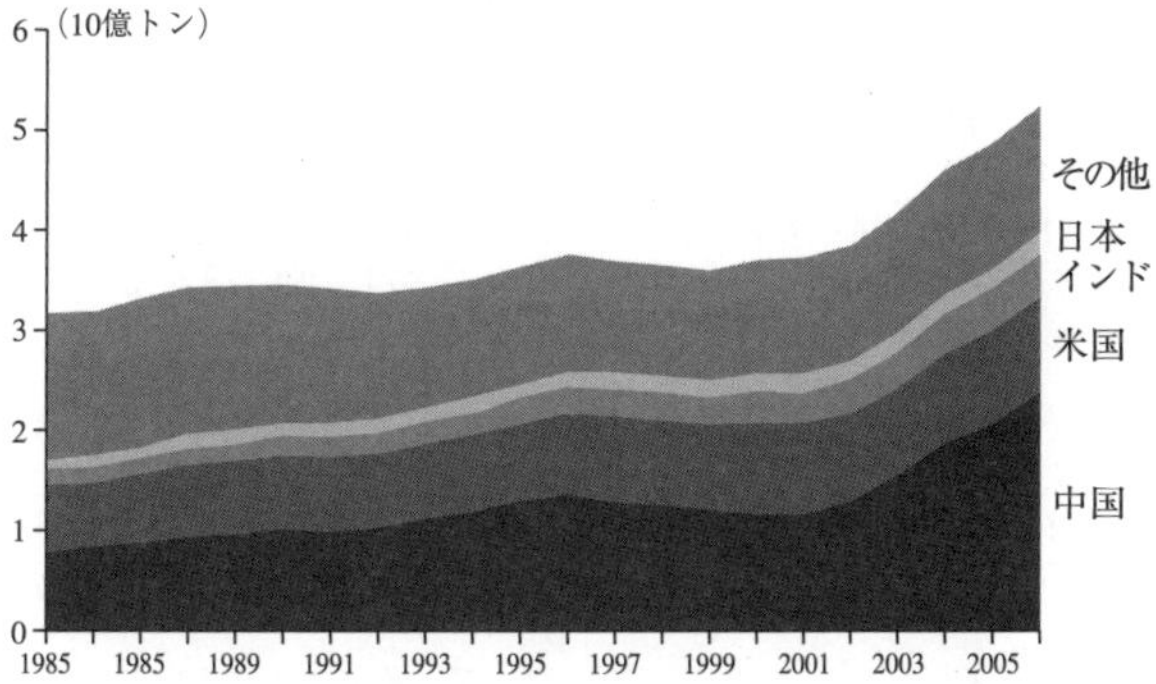

（出典：IEA）

ています。中国の様々な資源に対する需要急増が、世界の資源高を引き起こし、資源需要が増えていない日本にも影響しているのです。

石炭は他の燃料より二酸化炭素の排出量が多いという欠点がありますが、石炭は他の燃料より埋蔵量が多く、石油のように一地域に偏在することもなく、全世界で幅広く採掘が可能という利点があります。50年で枯渇が懸念されている石油に対して、石炭は１５０年の採掘が可能と考えられています。石炭は石油に主要燃料としての地位を取って代わられるまで、黒いダイヤと呼ばれていました。最近の石炭価格の高騰によって、石炭は輝きを再び取り戻しているといえるでしょう。

中国は石炭の生産・消費は世界一ですが、主に国内需要用であるため、石炭輸出ではオーストラリアが3割を占める世界一の石炭輸出国になっています。中国は電力需要や鉄鋼生産の増加による国内需要の増加を賄うため、石炭輸出を削減しました。日本の石炭は海外石炭との価格競争に敗れ、北海道の夕張をはじめとする国内炭鉱が閉山に追い込まれ、石炭はほぼ全量を輸入に依存している状況です。輸入石炭の6割強がオーストラリアからですが、08年初めにオーストラリアの主産地が大雨に見舞われて石炭生産が減りました。オーストラリアは港湾の能力不足が、世界の石炭需要の増加に見合った輸出ができない理由になっています。需要増加や鉱山会社の業界再編によって、石炭も他の鉱物同様に、売り手市場になっています。

海外石炭の価格急上昇に加え、原油高によって、輸送費も上昇したため、国内石炭の価格競争力が回復し、三菱マテリアルは08年度に18年ぶりに国内炭を使い始めました。閉山された日本の炭鉱の復活への期待も出てきましたが、オーストラリアの炭鉱が露天掘りで採掘コストが安いのに対し、日本はかなり地下深い所まで掘らないといけないうえ、石炭採掘技術をもつ労働者も少なくなってきたため、国内炭鉱の本格的な再開は採算に合わないとみられています。

金価格は史上初めて1000ドル／オンスを突破

金価格は08年3月に史上初めて1000ドル／オンスを超えました。産金会社の世界的団体であるワールド・ゴールド・カウンシルによると、07年の金需要は前年比4％増の3547トンの792億ドル（約8兆円）と、金額ベースでは4年連続で最高記録を更新しました。目的別の金需要の約7割を占めるのは宝飾品で、07年に数量ベースで前年比6％増の2426トン、金額ベースでは22％増の史上最高の540億ドル（約6兆円）になりました。金の需要で宝飾品の次に多いのが、産業・歯科用で13％、次いで純小売投資需要が11％を占めます。小売投資需要の6割が金地金（ゴールドバー）で、4割が金貨・コインでした。

通常、石油や鉄鋼石など鉱業資源は、国の経済規模に応じた消費量になることが多いのですが、金の場合、宝飾や投資が主目的であるため、国の経済規模とは異なる需要構造になっています。07年の金消費需要では、最も多いのがインドで、2位が中国、3位が米国でした。新興国で金需要が伝統的に強い背景には、黄金に対する信奉、文化的背

図2－7　国別の金の需給

（トン）	金宝飾消費量	金加工量	金鉱山生産量
インド	555.1	688.3	3.1
中国	302.2	327.0	280.5
米国	260.9	179.7	239.5
トルコ	188.1	276.8	
サウジアラビア	117.9	99.6	
UAE	99.8	49.4	
ロシア	82.0	79.4	169.2
エジプト	67.3	56.5	
イタリア	58.8	218.0	
インドネシア	55.2	63.2	146.7
日本	30.6	177.8	8.9
南アフリカ		16.4	269.9
オーストラリア		9.8	246.3
ペルー		2.7	169.6
カナダ		22.2	101.2

注：2007年、中古金スクラップを含む
（出所：GFMS）

景、自国政府・通貨に対する不信などがあります。

実際、中東のバザールやショッピングモールに行くと、金ぴかの金ショップが多く見られます。インドでは花嫁が金の宝飾品を持参する習慣があり、花嫁1人当たり30グラム程度の金が消費されるといいます。インドの人口は12億人と中国に次いで世界2位ですが、25年までに中国を抜いて世界一の人口大国になるため、金需要がさらに増加するでしょう。07年は中国、中東、インドの金需要が大きく増えた一方で、日米など先進国からの金需要は減りました。原油同様に、新興国需要の増加が金価格の上昇につながったといえます。08年に入ると、新興国でインフレ率が高まり、ベトナムなどでインフレヘッジとして金需要が増えました。

一方、金の供給は07年に前年比3％減りました。金の供給は新たな産出が7割を占めます。金産出というと南アフリカという印象がありますが、南アフリカのみならず、中国、オーストラリア、米国、ロシアなどに広く分布しています。ロシアは原油も金も産出する恵まれた国ですが、中東は専ら金の買い手になっています。南アフリカは良質な鉱脈が減り、3000メートル以上深く掘り進まないと十分な産出ができない鉱山が増えています。その結果、07年の金生産量で南アフリカは中国に抜かれて2位に後退しました。3位はオーストラリアで、4位が米国、5位がロシアでした。産出以外の重要な供給源として公的部門からの金売却が07年に増えましたが、産金会社のヘッジ売りや金スクラップ供給が減ったため、金の供給が絞られました。

日本の個人は金を売却する傾向に

円ベースの金価格は08年7月に3500円／グラムと、83年9月以来25年ぶりの高値に上昇しました。円ベースの金価格は、金の国際価格と円ドルレートで決まります。国際的な信用不安で金への国際的な資金流入が続いていることに加えて、円の対ドルレートが円安基調で推移したことが、円ベースでの金価格の上昇につながりました。ただし、円ベースの金価格は、80年のピーク価格に比べるとまだ約半値です。

73年に金輸入が自由化されて以来、日本は金の国際市場で屈指の買い手でしたが、90年のバブル崩壊以降、金の輸入量は減り続け、06年から07年と2年連続で金の輸出国となりました。貴金属大手販売店の田中貴金属工業によると、07年の投資用金地金の顧客からの買い取り量が3年連続で過去最高を更新し、販売量の3倍に達したといいます。金価格が急騰したことで、金価格の上昇は永続的でないと考えた個人投資家が、昔買った金を利食ったと推測されます。外国人投資家からみると、日本株の売り越し傾向とあわせて、日本の個人の金の売り越し傾向が不思議に感じられたようです。

金は利子も配当も生みません。価格上昇だけが、投資家にとっての利益です。金は世界情勢が不透明な時、インフレ率が上昇する時、米ドルに対する不信が強まる時に、買われる傾向があります。日本の個人投資家が金を買う方法としては、金地金や金貨の購入が基本です。金を購入する場合には消費税がかかります。

1キロの金の延べ棒を買うとすれば、300万円程度になります。もし、金の延べ棒を手に取ってみるなら、素晴らしい輝きと、ほどよい重さの魅力を実感することと思います。月3000円から積立で金を買える純金積立もあります。今後も新興国からの金への需要増加、しばらく終息しそうにない世界的な金融混乱、中長期的な米ドルの下落、世界的なインフレの可能性などを考慮すれば、小額でも金などの実物資産に分散投資することは意味があるでしょう。

金を株式のように取引所で売買できるETF（Exchange Traded Fund）が日本でも登場してきました。大阪証券取引所が07年7月に上場した金価格連動型ETFは、1グラム当たりの円表示の金価格に連動する仕組み債を投資対象としますが、金現物との交換はできません。東証が08年6月に上場した「SPDRゴールドシェア」は、ニューヨーク証券取引所にも上場しており、金現物との交換が可能です。東証の金ETFの売買が予想ほど盛り上がらなかったため、9月に東証は投資単位を50口（約50万円）から1口（約1万円）に引き下げました。

金価格の先行きに強気ならば、住友金属鉱山の株を買う方法もあります。住友金属鉱山の鹿児島県北部に位置する菱刈鉱山は鉱石1トン中に含まれる平均金量が40グラムを超えるという高品位（世界の主要金鉱山の平均品位は約5グラム）を誇っており、年間7・5トンの金を産出しています。日本の金属鉱山は価格競争力を失い閉山が相次いだため、菱刈鉱山は現在、商業規模で操業が行われている国内の唯一の金属鉱山となりました。住友金属鉱山の業績は金、ニッケル、銅価格などに連動します。海外資源メジャーに比べれば、企業規模は小さいですが、住友金属鉱山はペルーやアラスカなどで海外鉱山の開発を積極的に進めている点が評価されます。

金価格も原油同様に、国際情勢に左右されやすい展開が続いています。08年3月に1000ドル／オンスを超えた金価格は、9月に750ドルまで急落しました。金価格と逆相関に動くことが多い米ドルが対ユーロで急回復したことに加えて、原油価格や農産物価格の下落に連動しました。しかし、世界的な金融危機が深刻化すると、信用不安から資金が金に回帰し、金価格は900ドルまで急反発しました。円ベースの金価格も9月18日に前日比7％高の3054円と、23年ぶりの上げ幅を記録しました。米国サブプライムローン問題に端を発した金融危機が世界的に広がる中で、多くの金融資産、実物資産の価格変動率が高まっています。金は9月末までの1年間に、主要な価格変動リスクを伴う商品の中で、唯一プラスのリターンを上げました。金は混乱期にこそ輝きを増す商品といえます。

プラチナも最高値更新後に急落

金価格だけでなく、プラチナ価格も08年3月に1オンス当たり2000ドル超と、史上最高値を更新しました。01年の価格比で約4倍に上昇したことになります。金価格同様にプラチナ価格も円ベースでは史上最高値に達していませんが、08年2月に1グラム7500円と28年ぶりの高値をつけました。プラチナの年間供給量は194トンで、金の年間供給量約4000トンの20分の1に過ぎません。有史以来のプラチナの総生産量は約4720トンと、金の約34の1しか生産されていない計算です。

プラチナは生産量や先物市場規模が小さいので、価格変動性が高まりやすい特徴があります。プラチナの供給は南アフリカ75%、ロシア17%と2カ国で9割以上を占めます。プラチナ価格の上昇には、南アフリカの電力不足によるプラチナの減産懸念が寄与しました。プラチナの含有量は、鉱石1トンから約3グラムなので希少価値が極めて高いといえます。

需要は宝飾需要が約7割を占める金と異なり、プラチナは自動車の排ガス浄化用触媒需要が約5割を占め、残りを宝飾品と産業用が半分ずつを占め、投資用は全体の1%に過ぎません。世界的な環境意識の高まりによって、欧州を中心にディーゼル車に装着される微粒子フィルターの装着率が高まり、自動車触媒でのプラチナの利用が増えています。中国では高経済成長を背景に、プラチナの装飾品需要が増えています。08年半ば以降は、ガソリン高やサブプライムローン問題の影響で世界的に自動車販売が落ち込んだため、プラチナ価格も急落しました。

日本では中古宝飾品の再利用増加によって、宝飾品製造用のプラチナ消費量が長期にわたって減少しています。プラチナも田中貴金属工業などで地金、コイン、積み立ての形で購入可能です。

ハイテク工業製品には欠かせないレアメタル

「レアメタル」を直訳すれば、稀な金属という意味になりますが、最近さらに稀少性を増しています。レアメタルは、地球上の存在量が稀で抽出困難な31鉱種を指します。プラチナもその一種です。レアメタルは自動車やＩＴ製品など高付加価値・高機能製品の製造に必須の素材であることから、産業のビタミンといわれてきましたが、携帯電話、薄型テレビ、小型電池、環境自動車などレアメタルの組入比率が高い製品の需要拡大から、レアメタルはむしろ「産業の米」になりつつあります。約9兆円ある電子材料市場のうち2割程度がレアメタルだといいます。

自動車1台当たりの白金使用量は現在約3グラムですが、燃料電池車では80グラム必要になります。日本は今後も生活のために、石油や食料を海外から輸入することになるでしょうが、そのためには工業製品を輸出して外貨を稼ぐ必要があります。工業製品がハイテク化するにつれてレアメタルの重要性は高まります。日本はレアメタルを調達できなければ、工業製品が製造できなくなるので、レアメタルは日本産業のアキレス腱です。

日本では石油や食料の輸入量は増えていませんが（価格高騰で輸入金額は増えている）、レアメタルの輸入・消費量は増加傾向にあります。日本は世界のレアメタル消費量で、インジウムとコバルトが1位、レアアースが2位、タングステンが4位です。新興国需要で価格高騰が続いている原油や石炭とは需要構造が異なるのです。

日本にレアメタルはほとんど存在せず、ほぼ全量を輸入に頼っている中、レアメタルの供給は中国や南アフリカなどに偏在しています。世界生産量で、中国はレアアースとタングステンの約9割、南アフリカはパナジウムとクロムの4～5割を占めます。近年、レアメタルは先進国の需要増加、中国など供給国のレアメタルの輸出抑制策に、投機資金の流入も加わって、大きく値上がりしました。

経済産業省は07年6月に、海外探鉱開発の実施と資源外交、リサイクルの推進、代替材料開発、レアメタルの備蓄などを骨子とするレアメタルの安定供給対策を打ち出しました。探鉱への政府出資や融資を拡大して、官民一体となったレアメタル確保策を強化するとしました。レアメタルが豊富なアフリカへの資源外交では中国が先行しましたが、日本政府も遅ればせながら、アフリカ諸国との関係強化に動いています。

CHANGE 3

食料価格の高騰は誰が引き起こしたのか

主要穀物価格が史上最高値を更新

商品（コモディティ）は、貴金属や原油などがハード・コモディティと呼ばれるのに対して、農産物はソフト・コモディティに分類されます。ソフト・コモディティのうち、とうもろこし、大豆、小麦、米を世界4大穀物と呼んでいます。とうもろこし価格は08年6月に1ブッシェル＝7ドル台に初めて乗せ、史上最高値を更新しました。1年前に比べると約2倍の値段です。小麦価格は08年3月までの半年間に2倍以上に上昇し、大豆も7月に史上最高値を更新しました。米価格は、国際取引価格の参考指標になっている世界最大の輸出国タイの代表銘柄が、5月に前年比約3倍となる1トン当たり1074ドルに上昇しました。

いずれの穀物価格も08年秋にかけて、最高値から3～4割下落しました。世界的な景気後退に伴う需要減退懸念や投機資金の買い意欲低下などが理由です。穀物価格は下落したといっても、歴史的にみれば極めて高い水準にあります。08年6月に発表された米国農務省の需給報告によると、00年に30％だった世界の穀物在庫率が07年度には15％と、食料危機であった70年代初めの同水準に急低下しました。穀物は価格が上昇すると、翌

図3－1　世界の穀物在庫率

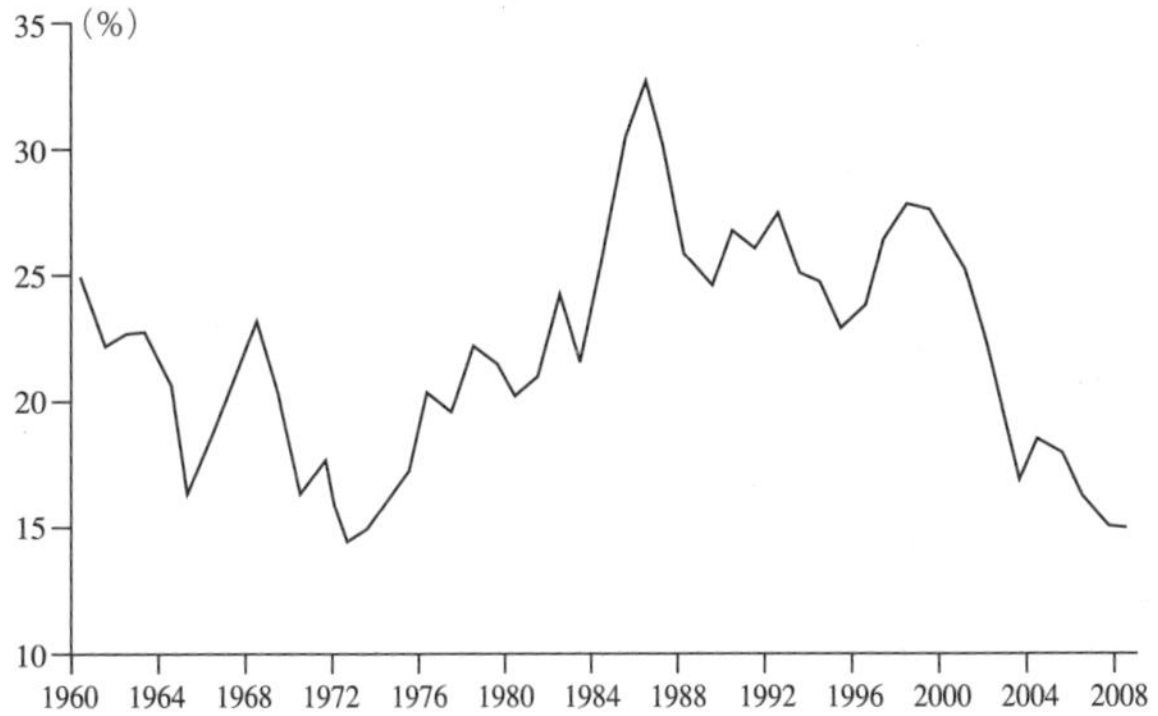

注：期末在庫÷消費量×100
（出所：米国農務省）

年、増産されるため価格が下がることが多かったのですが、今回は穀物価格が持続的に上昇したため、パラダイムが変わった可能性が高いとみられています。

ＯＥＣＤ（経済協力開発機構）とＦＡＯ（国連食料農業機関）の『農業見通し２００８―２０１７年』によると、05～06年度の食料価格の高騰は、主要穀物生産国の異常気象によって引き起こされたものであるため、今後食料価格はある程度下落すると予想されています。しかし、途上国の食料需要増加といった需要要因は変わらないため、食料価格は今後10年間で過去10年より高いレンジで推移すると予想されます。08～17年の平均価格は98～07年の平均に比べて、牛肉・豚肉で20％高、砂糖で30％高、小麦ととうもろこしで40～60％高、バターと油糧種子で60％高、植物油は80％高で推移すると予想されています。

穀物価格上昇の背景には、途上国を中心とした需要増加、バイオエタノールなどエネルギーへの転用、世界的な天候不順、投機資金の流入などが挙げられます。世界的な金融混乱で、贅沢品の消費は減るでしょうが、必需品である食料品への需要が減るとは考えられません。

米国のバイオ燃料と中国人の食生活

世界の人口は70年の37億人から05年に65億人に増えましたが、50年には92億人に増えると予想されています。同期間に、途上国人口は27億人→53億人→80億人という予想であり、人口増加のほとんどは新興国で起きています。世界の人口と所得の増加によって、畜産物を中心に食料需要が増えました。中国では05年までの35年間に飼料穀物需要が9倍にも増えました。

ブッシュ大統領は07年1月の一般教書で、ガソリン消費を10年で20％削減すると述べ、同年12月に成立した新エネルギー法で、エタノールの生産目標が08年90億ガロン、15年

150億ガロンと掲げられました。こうした方針により、エタノール向けのとうもろこしの生産は07年までの5年間に3倍に増え、とうもろこしの約3割がエタノール向けとなりました。世界の穀物の収穫面積は増えず、単収伸び率は鈍化してきています。異常気象が農業生産に悪影響を与える頻度も高まっています。

原油同様に、食料需給に支配的な影響を与えるのは米国と中国です。中国はかつて穀物の輸出大国でしたが、96年から大豆の輸入国に転じ、04年に農産物全体で輸入国に転じました。中国は世界の大豆輸入の45%を占める一方、日本は5%を占めるに過ぎません。中国では食事の西洋化を背景に、肉類や魚介類、乳製品の消費が増え、食用油や家畜用大豆ミールの需要が急増しています。

畜産物の生産には、人間が直接食べるより大量の飼料用穀物が必要とされます。例えば、畜産物1キロの生産に必要な穀物量は牛が11キロ、豚が7キロ、鶏肉が4キロです。中華料理といえば、豚肉が多かったのですが、中国での牛肉消費が増えた結果、畜産物の生産に必要な穀物需要も増えました。世界の穀物需要量は70年の11億トンから07年に21億トンへと約2倍に増えました。

07～25年に中国の人口は9%増えるに過ぎませんが、インドの人口は24%、中東は29

図３－２　世界の人口予想

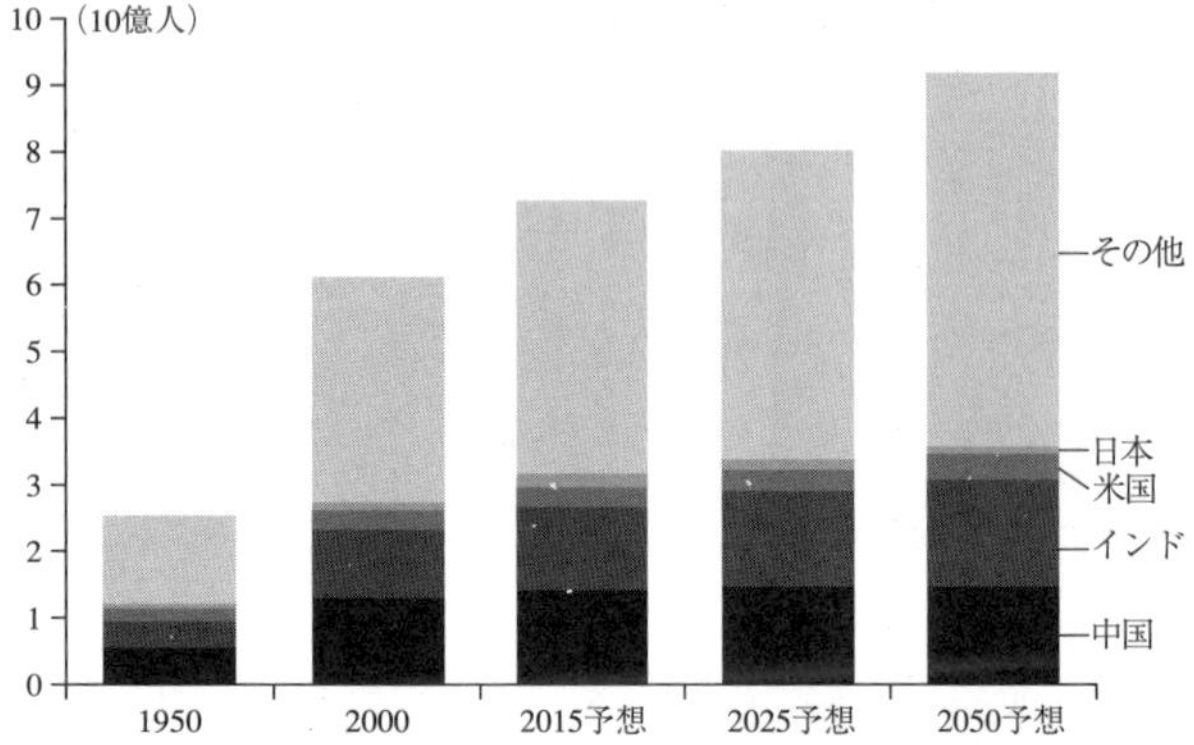

注：中位推計
（出所：国連）

％増えると予想されており、中国以外の新興国での食料需要の増加率が高まるでしょう。ただし、新興国は宗教や伝統によって、食のタブーをもっている国が多いため、個々の食料に与える影響は異なるとみられます。例えば、人口増加が著しいイスラム教徒は豚肉を食べませんし、将来、中国を抜いて世界最大の人口大国になる見込みのインドはヒンドゥー教によって牛肉を食べません。

世界的な日本食ブーム

欧米では健康志向の高まりから、日本食がブームになっています。サブプライムローン問題が起きるまでは欧米景気は良かったため、ニューヨークやロンドンでは高級日本食店が人気でした。スーパーでは一般消費者向けに、パック鮨が広範囲で売られています。07年に出版されたサーシャ・アイゼンバーグの『スシエコノミー』（日本経済新聞出版社）は、鮨がマクドナルドのように世界中に受け入れられている姿を描きました。私も海外出張が長引くと日本食が恋しくなり、海外の日本食レストランをよく訪れますが、日本人には日本食とみえないような日本食が、アジア人によって提供されていることも少なくありません。

こうした状況に対処するために、07年7月に日本食レストランの信頼向上、日本食・食材の海外市場開拓を目的に「日本食レストラン海外普及推進機構」が設立されました。理事長は醤油最大手のキッコーマンの茂木友三郎会長です。キッコーマンは海外からの営業利益が国内からの営業利益を上回るようになった企業です。日本ではマルちゃんの「赤いきつね」と「緑のたぬき」で有名な東洋水産は、米国とメキシコで、Ｍａｒｕｃｈａｎブランドの即席めんが高いシェアを獲得しました。世界の不景気で、最近は節約のためにカップラーメンを食べる人が増えてきたようです。

欧米だけでなく、中国や香港に行くと、牛丼屋、鮨屋、ラーメン店、たこ焼き屋など、日本食がより一層受け入れられていると感じます。中国人が食べる魚は川魚が主でしたが、所得増加とともにマグロなどの海魚を食べるようになり、日本の高級マグロが香港や上海に輸出されるようになりました。それに伴い、日本の仲買人が魚の入札で中国人に買い負けることが、日本の寿司屋や一般家庭の食卓にも影響するようになってきたのです。中華圏では日本のふじりんごが高級品として人気を博しています。中東のお金持ちには日本のメロンやスイカが人気だといいます。

中国の豚肉の需給が日本の株価に影響を与える時代

私は実家が農家で、大学も農学部卒であるため、農業や食料問題に強い関心があります。食料は農地に種を撒けばいいのだから、鉱山開発に何年もかかる鉱物よりも増産が容易との意見もありますが、農地に適した土地や農民の減少、異常気象、連作障害などが増産の障害になります。食料は工業製品と違い腐りやすく、保存も長期間は効かず、貿易に適しません。生産量に占める貿易量の割合は石油が63％、自動車が48％と高い一方、米はわずか7％、小麦は18％、大豆は30％と低くなっています。工業製品はなくても生活が不便になる程度ですが、食料は不足すると生死にかかわる問題です。

日本は消費支出に占める食料支出の比率（エンゲル係数）が2割強ですが、発展途上国では5割超に達するため、食料価格が上がれば他の支出を切り詰めなければなりません。中国でも08年6月の消費者物価上昇率7％の約8割が食料価格の上昇の寄与でした。最近は中国株が日本株へ影響を与えるようになってきましたが、中国株の先行きを予想する上では、中国の金融政策の予想が必要です。中国の金融引き締めの持続性を考えるうえで、中国の物価動向が重要になりますが、中国の物価動向を予想するためには、いつから豚肉が増産されるかを予想する必要があります。すなわち、中国の豚肉の需給が、日本の株価に影響を与える時代になったのです。

発展途上国では食料価格の上昇に抗議して、暴動が起きるようになり、各国政府は危機感を強めています。ロシア、中国、ベトナム、エジプト、アルゼンチンなど農業生産国で穀物などの輸出を規制する動きが広がりました。08年7月の洞爺湖サミットは、途上国の農業生産力の増強支援、食料輸出規制の撤廃、食料備蓄の放出などを呼びかけました。米国は農産物のバイオ燃料化など食物以外の利用が食料高の主因ではないとの立場ですが、70年代初めに自ら行った大豆の輸出規制がその後の大豆価格の急落につながった反省から、食料の輸出規制は行うべきでないという考えです。一方、中国は食料輸入を米国に過度に依存することを政治的理由から嫌がり、大豆輸入をブラジルに依存しています。

食料は貿易比率が低いうえ、輸出入国に偏りがあります。とうもろこしは、米国と中国で世界の消費の過半数を占めますが、輸入量が最も多いのは日本で、次に韓国、メキシコと続きます。大豆の消費は米国、中国、アルゼンチン、ブラジルが均等に多い一方、大豆の輸入量は中国が際立って多く、EU、日本と続いています。米の消費量が多いのは、中国、インド、インドネシアの順で、貿易量は少ない状況です。日本は友好国である米国とオーストラリアからの農産物輸入に依存しきっていますが、本来、農産物は石油同様に、武器としても使える国家安全保障に関わる戦略商品です。

世界共通の貿易自由化ルールづくりを交渉していた世界貿易機関（WTO）の閣僚会合は、08年7月末に交渉が決裂しました。農産物の輸入増加に対抗できる特別セーフガード（緊急輸入制限措置）の条件緩和について、先進国と新興国の溝が埋まらなかったためです。食をめぐる各国の対立は根が深いことを印象づけました。日本は国内農業保護のために、農産物の関税引き下げに反対していたので、交渉決裂に安堵していたといえるでしょう。

このようにWTO交渉が進展しないため、二国間の自由貿易協定（FTA）を結ぶ国や地域が増えていますが、日本は農業保護が障害になり、FTA締結で他国に遅れをとっています。日本が高関税を課している農産物としては、コンニャクイモ1706%、精米778%、落花生737%、でんぷん583%、バター360%、砂糖305%、大麦256%、小麦252%などがあります。

日本の食料自給率引き上げは可能か

世界的な食料争奪戦は、国家間、市場間（エネルギーと食料）、農業と工業間の3つのステージで争われています。日本のカロリーベースの食料自給率（国産供給熱量÷供給熱量）は、65年度に73%ありましたが、趨勢的に低下してきました。食料自給率は07年度に40%へと低下しました。食生活の欧米化で、国内で自給可能な米の消費量が減る一方、国内生産が割高な畜産物や油脂類の消費が拡大し、中・外食産業からの業務用食品の輸入需要が増えたためです。日本の食料自給率は英国の70%、スイスの49%を下回り、先進国の中で最低となっています。

日本の主な輸入農産物の生産に必要な農地面積は1245万ヘクタール（日本の耕作地の2・7倍）と試算されており、日本は土地や水を間接的に輸入している状態です。世

図3－3　日本の食料自給率

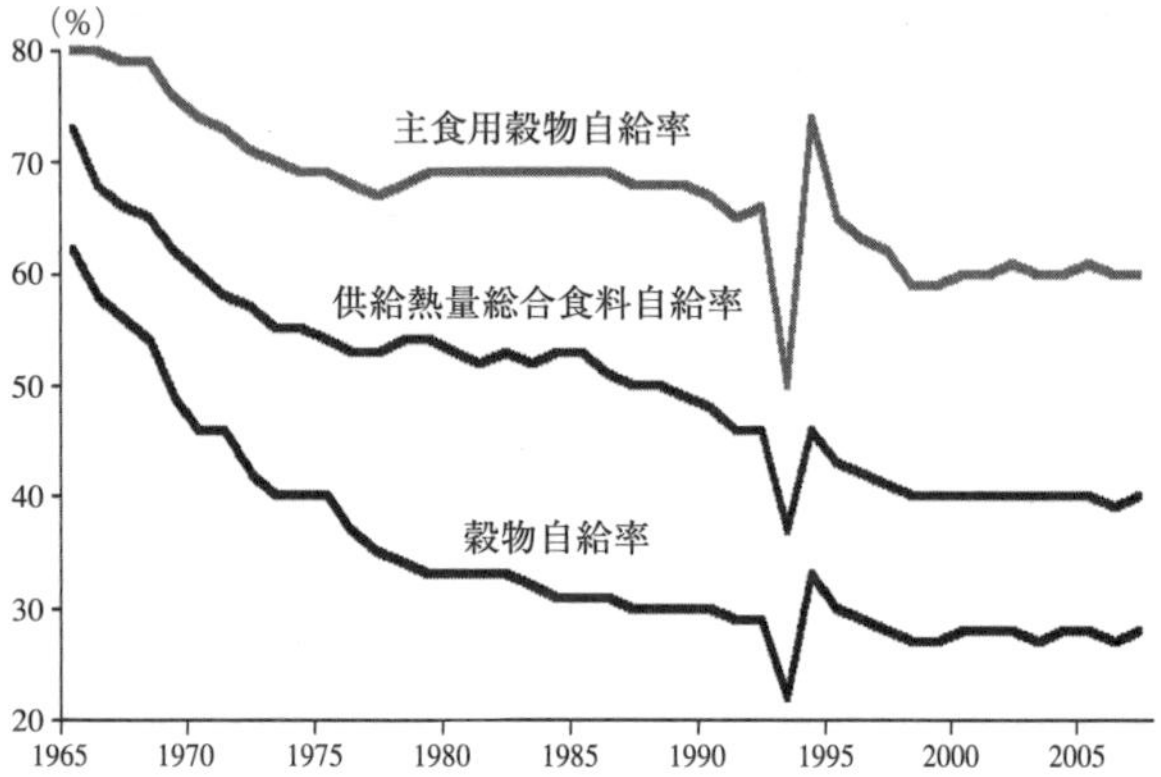

（出所：農林水産省）

界的な食料争奪戦が起こり、食料の輸出制限を行う国も出てくる中で、日本は食料安全保障の観点から食料自給率の引き上げを求められています。

政府はこれまでに食料自給率の引き上げ目標を掲げてきましたが、出生率の引き上げ目標同様に、逆に低下するばかりでした。現在は15年度に食料自給率を45％へ回復させることを目標に、食育と地産地消の全国展開、国産農産物の消費拡大促進、経営感覚に優れた担い手による需要に即した生産促進、食品産業と農業の連携強化、効率的な農地利用の促進などの対策を行っています。08年の骨太の方針には、食料自給率の向上策が改めて盛り込まれました。食料自給率を45％へ高めるためには、耕作利用率を現在の93％から１０５％へと高める必要があると試算されています。食料自給率の引き上げのためには、野菜と並ぶ最大の農業生産品目である米の消費拡大が鍵です。

外国では米需給が逼迫し、米の市場価格が上昇していますが、日本では米の消費が減り、米が余り、価格が下落傾向にあります。07年度の米平均価格は94年度に比べて3～4割も下落しました。下落したとはいえ、政府により保護された日本の米価格は国際価格よりまだ2～3倍高い状態です。政治家から米の減反政策を見直すべきとの意見も出ていますが、国内米の余剰感は強く、減反政策見直しの合意はまだできていません。

農水省は07年10月に緊急米対策を発表しました。生産調整に加え、米消費拡大のための国民運動を効果的に進める、パン・麺、菓子等の原料としての米粉利用を本格的に推進することとしました。農水省は米粉や飼料米など非主食への米消費拡大策を推進しています。国民新党は、食料自給率を5年間で50％へ高めるために、学校給食で米飯や米粉を原料としたパンを週4日以上使用することを義務づけるべきと主張しました。昔から米粉を混ぜたパンは存在しますが、一般消費者には食感がよくないと評判が芳しくなく、米粉パンの普及のためには味の改善が必要でしょう。ただ、パンやパスタの価格上昇により米が相対に安く感じられたことや、不況によって自宅で食事をする人が増えたため、主食の米需要は回復基調にあります。

農地保有の規制緩和が必要

日本の国土に占める農地の割合は、75年の15％から05年に13％に低下しました。耕作放棄地とは1年以上作付されず、今後数年耕作する意志のない土地を指します。全国の耕作放棄地面積は、95年の24ヘクタールから05年に39万ヘクタール（埼玉県の面積に匹敵）へと増えました。耕作放棄地面積率（耕作放棄地面積÷（経営耕作面積＋耕作放棄地面積）×１００）は、６％から10％へ高まりました。

人口高齢化率が高い地域ほど、耕作放棄地面積率が高まる傾向がみられます。農業就従事者に占める65歳以上の割合は、95年の40％から05年には57％に高まりました。日本の農家1戸当たりの農地面積は１・８ヘクタールと、ＥＵの９分の１、米国の99分の１に留まっており、大規模化が長年の政策課題になっています。

農家の大規模化を通じて、農業の生産性を上げるために、07年4月より戦後農政の大転換とも謳われた「品目横断的経営安定化対策」が実施されました。それまでは全農家を対象に、個々の品目毎の価格に着目した支援策が行われてきましたが、支援対象が、経営規模4ヘクタール以上（北海道は10ヘクタール以上）か、集落営農20ヘクタール以上の意欲と能力のある認定農業者に限定されました。しかし、07年7月の参院選で、民主党が農家への個別所得補償1兆円を公約に掲げ、品目横断的経営安定化対策を小規模の農家切り捨てと批判して大勝したため、政府は政策転換を迫られたのです。07年12月に小規模農家や65歳以上の高齢の農家にも所得補填の対象を広げるように政策を見直しました。このようにして、政府の大規模農家育成策は短期間で頓挫しました。

セブン&アイ・ホールディングスが08年8月より、農業に参入しました。千葉県に農家と共同で農業生産法人を設立する予定です。2ヘクタールの農場で野菜を栽培し、イトーヨーカ堂などで安全志向が高い消費者向けに販売する計画だといいます。3年以内に全国で10カ所に農業生産法人を設立する計画であり、一般企業の農業参入では最大規模になる見通しです。居酒屋チェーンのワタミや、トマトケチャップのカゴメも農業生産法人や特区を通じて農業に参入していますが、株式会社が農業に参入するに際して障害となるのが、農地保有の制限です。

農地法第1条は、「農地は耕作者自らが所有することを最も適当である」と耕作者有者の原則を規定しています。農地法の目的は、耕作者の農地取得を促進し、その権利を保護し、耕作者の地位安定と農業生産力の増進を図ることにあります。法人として農地を所有できる農業生産法人は、農業及び関連事業が、総売上高の過半を占める、農業法人から事業に係る物資供給・役務提供を受ける者の総議決権が4分の1以下、農業常時従事者が役員全体の過半数などの条件をすべて満たさなければなりません。農業改革を話し合った08年5月の経済財政諮問会議で、有識者議員は、政府が目指す農産物の供給増加、生産コスト低減、輸出拡大のためには、企業型農業経営が重要だとして、大規模な経営展開を可能にする「平成の農地改革」が必要、農業生産法人の飛躍的拡大に向けて要件を見直すべきと提案しました。世界的な食料争奪戦を乗り切るために、日本は規制緩和を通じた農業の競争力強化が必要でしょう。

小売価格に転嫁できるかどうかが企業業績の岐路

人口の減少時代に入った日本では食料需要が増えなくても、世界的な食料不足と食料価格の上昇の影響は受けます。日本は小麦の約9割を米国、カナダ、オーストラリアからの輸入に頼っています。日本の小麦輸入は政府の全量買い取り制になっており、政府がすべて買い取ったうえで、政府売り渡し価格という公定価格で国内需要者に販売されるしくみです。

小麦価格の急騰により、政府は07年度から政府売渡価格の見直し頻度を1回から2回に増やし、07年10月に10％、08年4月に30％引き上げました。小麦価格の上昇を受けて、製パン最大手の山崎製パンは、07年12月にパン製品価格を17年ぶりに引き上げ、08年5月にも平均約8％値上げしました。新聞紙上を何十年ぶりの値上げという見出しが躍りました。コンソメは15年ぶり、マヨネーズ、即席めん、みそ、豆乳製品は17年ぶり、スパイスは18年ぶり、バターは26年ぶり、牛乳と製菓は30年ぶりに値上げされました。輸入食料価格の上昇をどの程度、小売販売価格に転嫁できるかが、企業業績を左右しています。

世界的な水不足の時代

食料だけでなく、水不足も世界的な問題です。元々、雨が多い日本は水資源が豊富で、日本人は水と安全はタダだと思っているといわれてきました。しかし、世界的にみれば、人口増、生活水準の向上、天候不順などを背景に、水の需給が逼迫してきています。将来的には水が、石油のように希少性をもつようになる可能性はあります。地球上に存在する水の量は約14億立方キロメートルです。地球の表面の70％は水で覆われていますが、97・5％は海水であり、淡水は2・5％に過ぎません。淡水の大部分は氷や氷河であり、地下水、河川、湖沼の水として存在する淡水の量は、実は地球上の水の0・8％に過ぎません。

石油同様に水も偏在しています。水資源量が最も多い国はブラジルで、次いでロシア、米国、カナダ、インドネシアと続きます。1人当たり水資源量が多い国は、カナダ、ニュージーランド、ノルウェー、ブラジル、ロシアの順です。世界の水使用量は3・8兆立方メートル／年であり、うち約7割が農業用水、2割が工業用水、1割が生活用水となっています。アジアの使用量が最も多く、次いで北米、欧州の順です。1人当たり水使用量では、北米、オセアニア、欧州の順に多くなっています。

日本は一見、水が豊富のようにみえますが、1人当たり水資源賦存量は3300立方メートル／人・年と、世界平均の半分以下です。日本の年平均降水量は1718ミリメートルと、世界平均の2倍以上もありますが、日本は地形が急峻で河川の流路延長が短く、降雨が梅雨や台風の時期に集中するため、水資源として利用されないまま海に流出してしまう水が多いのです。

水不足という言葉は曖昧ですが、水需給の逼迫程度は、1人当たり最大利用可能な水資源量で測られます。利用可能な水の量が1700立方メートルを下回る場合は水ストレスの状態、1000立方メートルを下回る場合は水不足の状態、500立方メートルを下回る場合は絶対的な水不足の状態と定義されています。国連によると、43カ国の7億人が水ストレス状態にあるそうです。特にアフリカ、中東、南アジアなどで水不足が深刻化しています。地球温暖化の影響で、90年比で地球の平均気温がもし2～3度上昇すれば、数十億人が水不足に直面する試算がされています。温暖化の影響で北極の氷が溶け出したり、自然災害や海面上昇で水が溢れんばかりの地域もあるのに、水不足の地域が増えているのは困ったことです。異常気象が水の偏在性を一層強めている面もあります。

20世紀に水の使用量は約6倍と、人口の2倍以上に伸びました。今後も世界人口の増加以上に、水の消費量は増えるでしょう。所得が増えると、トイレが水洗トイレに変わり、シャワーやお風呂の利用頻度、衣類の洗濯や食品・食器の洗浄回数が増えます。家庭用水の利用内訳は、トイレ、風呂、炊事が各々約4分の1ずつ占めています。

中国の1人当たり水資源量は世界平均の4分の1程度であり、急激な都市化、河川の汚染、砂漠化によって、水不足が深刻な問題になっています。中国より人口増加率が大きいのに、水資源量が少ないインドや中東などでも、水不足が問題化しています。食料輸出大国であるオーストラリアでも干ばつが続き、水不足による食料生産不振が世界の食料貿易に悪影響を与えました。

バーチャルウォーター（仮想水）という考え方をご存じでしょうか。食料生産には大量の水を必要とします。例えば、牛肉1キロの生産に20・6トン、大豆1キロの生産に2・5トンの水が必要とされます。バーチャルウォーターとは、輸入食品を国内生産だと仮定した場合に必要な水の量です。主な輸入農産物（穀物5品目、畜産物4品目）を日本で生産した場合に必要な仮想水は、国内の農業用水使用量を上回る年627億立方メートルと試算されています。内訳は、とうもろこしが23%、牛肉が22%、大豆が19%、小麦が15%などとなっています。

牛丼並一杯に必要なバーチャルウォーターは1887リットル、カレーライスに必要なバーチャルウォーターは1095リットルで、ともにその約7割の水が輸入されていると推計されています。日本は水資源が豊富ですが、海外での水不足は輸入食品を通じ

図3－4　世界の水資源量

	平均降水量（mm/年）	年降水総量（km³/年）	1人当たり年降水総量（m³/人・年）	水資源量（km³/年）	1人当たり水資源量（m³/人・年）
世界	880	119,000	19,636	55,293	9,124
カナダ	537	5,3523	174,016	2,902	94,353
ニュージーランド	1,732	468	123,987	327	86,554
ブラジル	1,783	15,236	89,408	8,233	48,314
ロシア	460	7,855	53,987	4,507	30,980
オーストラリア	534	4,137	216,162	492	25,708
米国	736	7,087	25,022	3,069	10,837
日本	1,718	649	5,114	424	3,337
中国	627	6,018	4,693	2,897	2,259
インド	1,083	3,559	3,527	1,897	1,880
サウジアラビア	59	127	6,232	2	118
クウェート	121	2	1,128	0	10

注：日本は1971-2000年平均、他国は1961-1990年平均
（出所：国土交通省）

て、日本の食卓に大きな影響を与えています。

資源高の意味するもの

資源高は日本のような資源輸入国から、中東や南半球などの資源国への所得移転にほかなりません。内閣府によると、資源高による日本の所得流出額は08年1～3月に年率換算で26兆円と、現行GDP統計で遡れる95年以降で最大となりました。08年4～6月に輸出物価（円ベース）が前年同期比5・2％下落したのに対して、輸入物価は12・6％の上昇でした。

日本が輸入する原油や食料の価格が急騰した一方、日本の主要輸出品目である電機

製品は価格下落が続いています。これは日本からみた海外との貿易の交易条件が悪化していることを意味します。ただし、資源高で所得が移転しているのは日本だけなく、先進国全般にみられる現象です。資源高で日本から海外へ所得が流出している中で、政府が物価高で苦しんでいる人や企業に財政支援を与えることは、縮小する国内パイの中での所得の再分配の問題に過ぎないといえます。財政再建を棚上げして財政支援を拡大せよとの政治的な声が強まっていますが、資源高対策のために国債を発行すれば、将来世代が資源国に流出した所得を負担することになってしまいます。

最大の産油国であるサウジアラビアの原油生産量は日量約1000万バレル、年間36億バレルであるため、1バレル=10ドル上昇すると、サウジアラビアの原油収入は360億ドル（約4兆円）も増えることになります。逆に資源高で最も困るのは、資源のない低所得の発展途上国ということになります。新興国はまず低コストの生産国として台頭し、要素価格均等化定理を通じて、日本の賃金抑制に寄与しました。その後、新興国は所得増加によって消費国としての地位を高め、世界中から資源や食料を買い漁るようになり、原材料高を通じ、先進国の実質所得を抑制するようになりました。

ロシアは資源の国有化を進めて、石油を国家の威厳を復活させる武器として使いました。いわばあぶく銭を手に入れた資源国に対して、日本は資源国がほしいと思うような製品を売れば、支払った資金の一部を取り戻すことができるでしょう。資源国の良い投資対象と思われるようになれば、新興国の投資家が日本の株式や不動産の購入を増やすため、資産価格を上げてもらうことが可能です。日本企業でも資源国がつくれない製品を提供でき、資源国向け輸出が好調な企業は評価されていくでしょう。

商品先物業者にだまされて高齢者が大損した事件があったため、日本の一般国民にとって商品先物というと悪いイメージがつきまといますが、大手資産運用会社が運用する投信であれば、安心感があると思われます。日本でも過去数年、インフレ連動債、商品先物、農業食料関連株などを組み込む投信が販売されており、高パフォーマンスをあげてきました。純資産は伸び悩んでいますが、中長期的なインフレ動向や食料需給を鑑みれば、インフレ・農業食料関連株投信はもっと注目されてもよいでしょう。

CHANGE 4

日本株は誰が保有し、誰が売買しているのか

外国人保有比率が5年ぶりに低下

東証など全国5証券取引所（ジャスダックを除く）は、年1回「株式分布状況調査」を発表しています。株式保有比率には、いくら保有しているかという金額ベースと、何株保有しているかという株数ベースの2種類があります。

金額ベースの株式保有比率は、外国人保有比率が07年3月末の28・0％から、08年3月末に27・6％と、5年ぶりに低下しました。ただし、95年3月末の外国人保有比率は8・1％だったため、13年間で、外国人保有比率は20％近く高まったことになります。

株数ベースの外国人保有比率は07年3月末の25・4％、08年3月末25・5％とほぼ横ばいでした。金額と株数ベースの外国人保有比率の違いは、07年度の外国人の日本株保有比率の低下が、必ずしも外国人の日本株離れの結果ではなく、大型株を中心とした時価下落の影響が大きかったことを示しています。

日本株の外国人保有比率を高いと考えるか、低いと考えるかの判断は難しいところです。株数ベースで、日本株の約4分の1を外国人が保有していることになりますが、逆にいえば、4分の3はまだ国内投資家が保有しています。株主総会で特別決議を否決す

図4－1　主体別の日本株保有比率

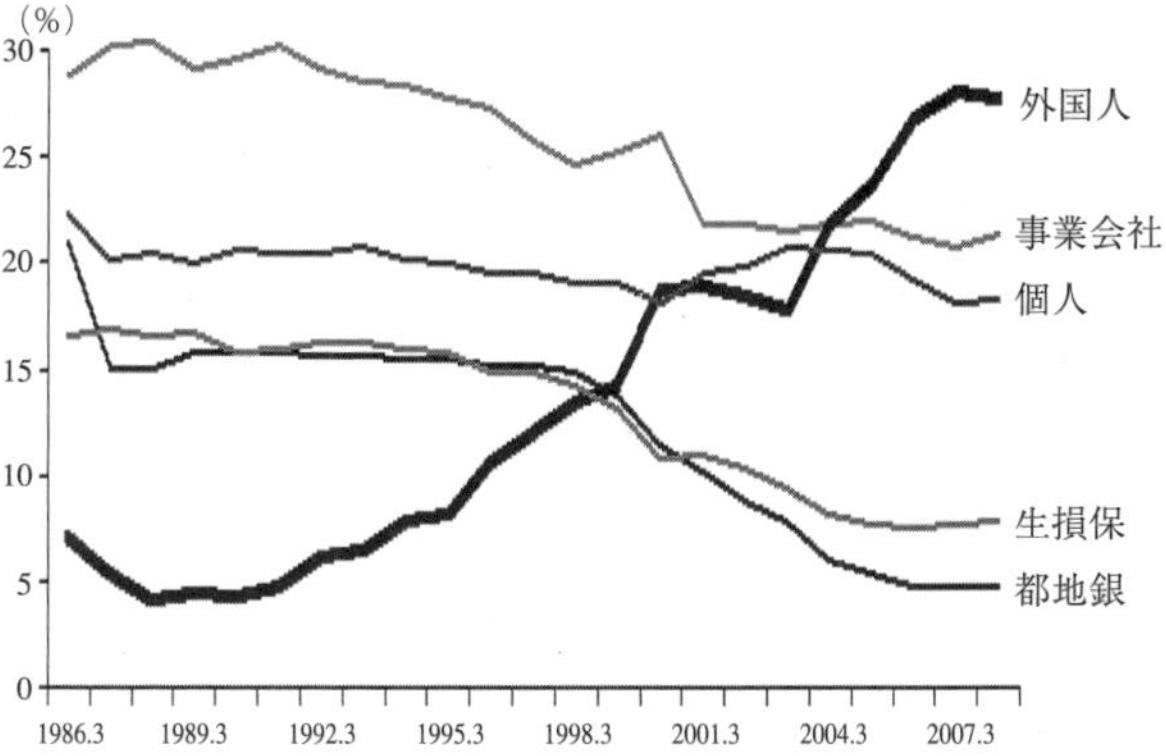

注：金額ベース
（出所：東証）

るには33・3％超の保有が必要であるため、外国人の4分の1の株式保有は日本企業全体としては、経営に影響を与えるほどは大きくないといえるでしょう。しかし、大企業では外国人保有比率が高いので、外国人株主との対話なしに、スムーズな企業経営を行うことはできません。国際比較でみると、日本株の外国人保有比率は、英国株の40％や韓国株の31％より低いものの、米国株の13％よりは高いという状況です。

業種別にみて、08年3月末の外国人保有比率（金額ベース）が高い業種は、①その他製品（任天堂等が含まれます）の36・0％、②不動産の35・9％、③その他金融の34・8％、④保険の34・5％、⑤電機の34・0

%でした。逆に外国人保有比率が低い業種は、①空運の9・4%、②紙パの11・9%、③水産・農林の13・3%、④電気ガスの15・4%、⑤鉱業の16・9%の順でした。1年前に比べて外国人保有金額が増えた業種は、その他製品、鉱業、海運、空運の4業種のみであり、29業種で保有金額が減りました。外国人保有比率が上昇した上位業種をみると、①鉱業+4・5%、②卸売（商社等）+4・2%、③石油・石炭+3・5%と資源関連業種だったことがわかります。

一般に外国人投資家が投資対象として好む日本企業は、企業規模が大きく株式の流動性が高い企業、国際競争力が高い企業、新興国での成長性が高い企業、バリュエーションが国際比較で割安な企業、ROE（株主資本純利益率）が高い企業、株主重視の企業、IR（投資家向け広報）が良い企業などです。08年3月末に外国人保有比率が高い主要企業には、63%のオリックス、59%のヤマダ電機、56%の日東電工、52%のHOYA、51%のソニーなどが挙げられます。逆に、外国人保有比率が3%未満の低い主要企業には南海電鉄、カゴメ、四国電力、みずほ信託、三菱自動車などがありました。

事業会社間の株式持合が増加

07年度に外国人投資家の代わりに、株式保有比率を高めたのは事業会社でした。事業会社の株式保有比率（金額ベース）が、07年3月末の20・7％から08年3月末の21・3％へと高まりました。しかし、それ以前に事業会社の株式保有比率は、88年3月末の30・3％から10％ポイント弱も低下していました。事業会社の保有比率は株数ベースで07年度に23・6％→24・7％と、金額ベース以上に高まりました。事業会社の保有比率の上昇は3年ぶりであり、07年度最大の保有比率の上昇主体となったことになります。高水準の自社株買い継続と事業会社間の株式持合の増加が主因です。

東証上場企業の自社株買いは06年、07年ともに4・5兆円と高水準でした。株価が急落した08年には1～8月に自社株買いが2・8兆円と、前年同期の3・1兆円を下回りました。日本企業はキャッシュリッチであるにもかかわらず、世界の金融市場の混乱で、現金を保有しておこうという動機が強まったようです。自社株買いは自己資金で自らが発行した株式を購入することで、株式需給の改善、ＥＰＳ（1株当たり純利益）やＲＯＥを高める効果があります。また、経営者が自社株を割安だと考えているというシグナルを市場に送るアナウンスメント効果があります。

企業は購入した自社株を金庫株として保有する方法と、完全に消却してしまう方法があります。自社株の消却は06年に2・9兆円、07年に1・7兆円に達しました。保有する金庫株が増えて、自らが筆頭株主になっている上場企業が08年3月末時点で156社と過去最多になり、トヨタ自動車、松下電器、新日鉄など日本を代表する大企業で、自社が筆頭株主になりました。これは主要事業会社の金余り状態を示しています。

90年代の株式市場の長期的な下落過程では、株式持合の解消が株式需給の悪化につながりました。株式持合比率（生保は非上場企業が多いので、厳密な意味での株式持合ではありませんが、ここでは生損保の株式保有を含めました）は、93年3月末の49・8％から、07年3月末の20・0％まで14年連続で低下しました。

しかし、買収防衛策の一環として株式持合を再び増やす企業が出てきた結果、株式持合比率は08年3月末に20・3％と、15年ぶりに上昇に転じました。世界最大の鉄鋼メーカーである欧州のアルセロール・ミタルによる敵対的買収を恐れた大手鉄鋼メーカーで法人株主比率が上昇しました。明治乳業と明治製菓の経営統合のように、将来の事業統合や価格支配力の強化に結びつくような株式持合なら否定されるものではありませんが、安易な株式持合はすべきではないでしょう。投資家は本業に投資して利益をあげてもらうために事業会社の株式に投資しているのであり、他の事業会社の株式に投資してもら

図4－2　株式持合比率の推移

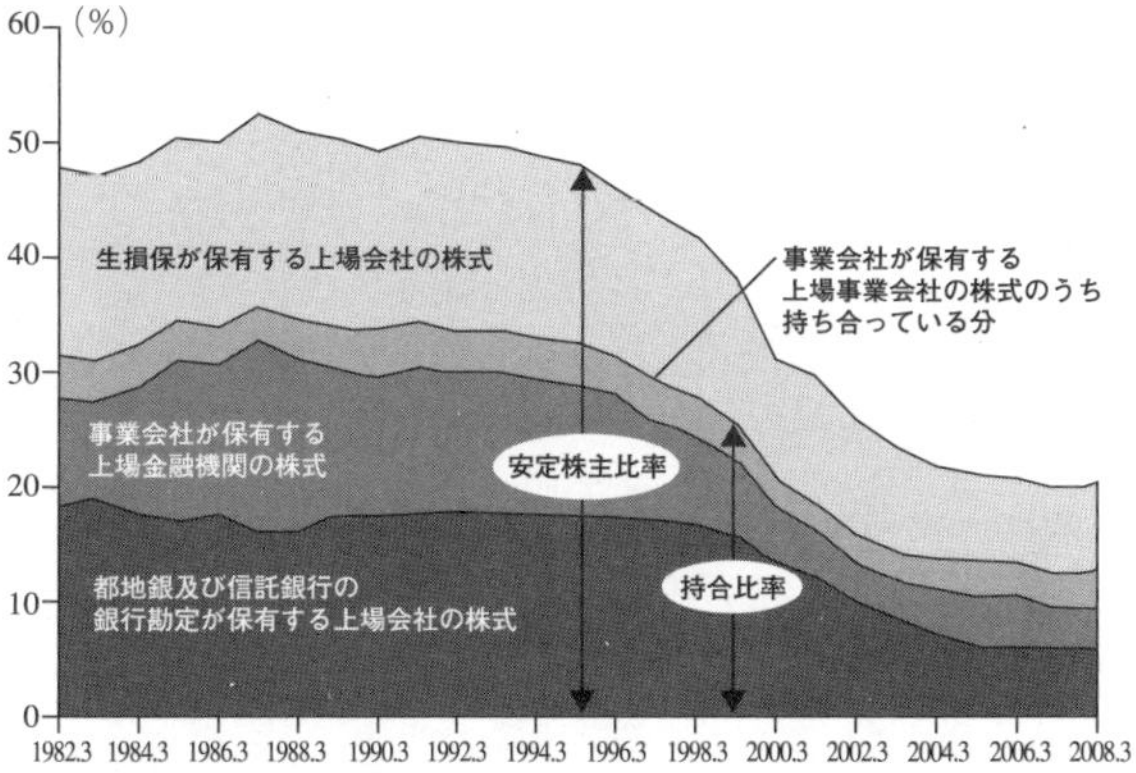

（出所：メリルリンチ）

うために、投資している訳ではないためです。

電源開発に対する英国ファンドのザ・チルドレンズ・インベストメントによる議決権闘争では、株式持合が大きな争点になりました。ザ・チルドレンズ・インベストメントは、株式持合の目的が電源開発の経営陣による自己保身及び一般株主に対する説明責任を免れることにあると批判し、定款で株式持合を含む株式投資の総額を制限する株主提案を行いましたが、08年6月の株主総会で、文字通り持合株主に阻まれて株主提案が否決されました。

株式保有比率の低下が著しい銀行・生損保

金融機関の株式保有比率（金額ベース）は、07年3月末の31・1％から08年3月末に30・9％へと低下しました。金融機関別の保有比率は都銀・地銀が4・6％→4・7％、生保が5・4％→5・5％とともに0・1％上昇した一方、損保が2・2％で横ばい、信託銀行が17・9％→17・5％と低下しました。信託銀行勘定に含まれる投信が4・7％→4・9％と過去最高へ上昇した一方、年金は3・5％で横ばいでした。

長期的にみると、金融機関の株式保有比率は著しく低下しています。都銀・地銀の株式保有比率はピークだった86年3月末の20・9％に比べて、08年3月末は4分の1以下に低下し、生保もピークだった87年3月末の12・8％に比べて半分以下に低下しました。

かつて大手銀行はメインバンク制の下で、事業会社の大株主として君臨し、資金調達から事業経営にまで関与してきました。中小企業は依然として銀行依存度が高いのですが、大手事業会社に限っては、メインバンク制はほとんど崩壊したといえます。銀行は不良債権処理を終えた後、価格変動率が高い株式を大量保有する体力がなくなりました。一方で、大企業は証券市場から直接資金を調達するようになりました。銀行は大手事業会社のグローバル化するオペレーションに口出しできるほどの専門知識を持ち合わせていません。

個人投資家の株式保有比率は安定

個人の株式保有比率は金額ベースで、07年3月末の18・1%から08年3月末に18・2%と、5年ぶりに上昇しましたが、株数ベースでは24・4%から23・4%へ1%ポイント低下しました。外国人の株式保有比率が大きく高まり、金融機関や事業会社の株式保有比率が大きく低下する中で、個人の株式保有比率は金額ベースで20%前後、株数ベースでは25%前後で安定的に推移してきました。外国人投資家の株式保有比率において、金額ベースの方が株数ベースより高く、個人投資家では逆となっているのは、外国人投資家が値嵩《ねがさ》株を好み、個人投資家が低位株を好む傾向があるためです。

個人株主数（延べ人数）は08年3月末に前年度比67万人増の3995万人と、12年連続で過去最高を更新しましたが、過去3年に比べて増加数は鈍化しました。つまり、個人投資家の株式市場参加に大きな広がりはみられなかったわけです。政策や企業の株主還元策の強化を通じた個人投資家の株式投資促進策が引き続き必要でしょう。

最近は個人株主を増やす目的で、個人投資家向けIR活動を行う企業が増えてきましたが、個人投資家が経営陣の意向に沿って議決権行使を行うとは限りません。08年5月のアデランスホールディングスの株主総会で、7名の取締役の再任が否決されたのは、スティール・パートナーズなどのような外国人投資家のみならず、経営陣に不満をもっている個人投資家も取締役の再任に反対したからでした。

外国人投資家の日本株売買シェアは6〜7割

3市場（東証、大証、名証）における外国人投資家の売買シェアは6〜7割と、日本株へ与える影響は大きいといえます。TOPIXの月次変化率と主体別買越額の相関関係は0・6強と高く、外国人投資家が買わないと日本株は上がらず、逆に外国人が売ると日本株が下がる状況が続いています。

07年度の投資家別の売買シェアは、外国人投資家が63％、個人投資家が24％、年金勘定などを表わす信託銀行が7％でした。証券会社は投資家から株式の売買注文をもらって収益をあげるビジネスモデルであるため、売買を多くしてくれる投資家に対して、積極的に情報提供サービスを行う傾向があります。最近、個人投資家はインターネットを通じた売買注文が多いため、松井証券やマネックス証券などのネット専業証券にとっては重要顧客ですが、野村證券や大和証券など日系大手証券にとって、個人投資家は株式の売買注文においては良い顧客ではなくりました。すなわち外資系証券、日系大手証券にかかわらず、株式売買注文の獲得では外国人投資家が最も重要な顧客ということになります。

個人投資家の売買シェアは、05年末に外国人投資家を上回ったことがありましたが、その後の個人投資家好みの中小型株やネット関連株の急落によって、個人投資家は大きな含み損を抱え、インターネットを通じた回転売買が低調になりました。また、日本株投信の資産が伸び悩んでいるため、投信が株式売買に占めるシェアは2・5％に過ぎません。

事業会社は日本買い越し額では外国人投資家に次ぐ重要な買い手ですが、市場外での自社株買いが多いため、07年度における3市場での売買シェアはわずか1・5％でしかありませんでした。都銀・地銀や生損保は株主としては依然重要な存在ですが、株式売買をほとんどしないため、07年度の売買シェアは各々0・1％、0・2％でした。株式を保有しているだけでは、株価変動で保有時価が変動するだけであり、株価形成に影響

図４－３　主体別の日本株売買シェア

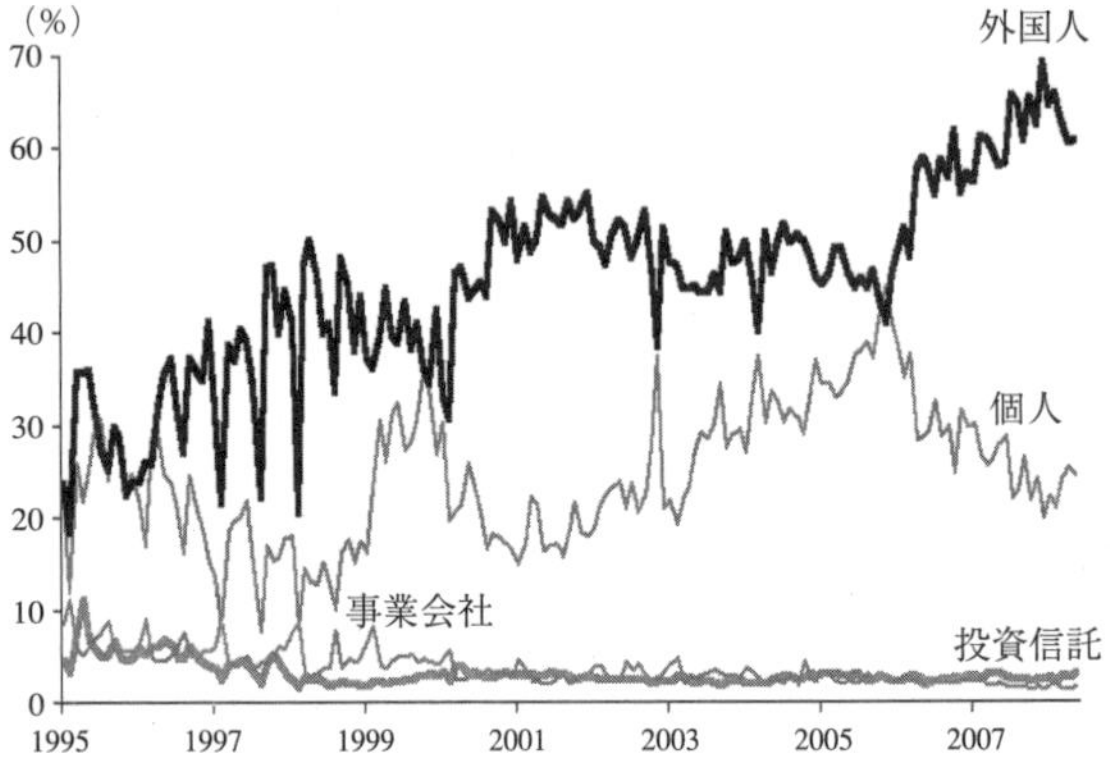

（出所：東証）

を与えることはありません。株主総会での議決権闘争になると、銀行や生損保の議決権行使が物をいいますが、株式の流通市場における影響力は、売買シェアが高い外国人投資家が最も大きいわけです。

日本人の私としては、自国の資産なのですから、日本人にもっと日本株売買をしてほしいと思っていますが、日本人は株式をあまり売買しないのだから仕方がありません。日本では株式の短期売買を良くない行為とみる傾向がありますが、期待収益率に基づく株式の短期売買を単に否定すべきでないでしょう。逆に、評価損を抱えたままの長期投資は〝塩漬け〟にほかなりません。株式投資では、長期上昇トレンドにある株式を、利食いたくなるのを我慢しながら保有し、判断を誤って投資してしまい下落した株式を早期に損切ることが肝要です。

外国人投資家といっても、運用会社の資本が外国籍であるだけで、実際の運用は日本人が行っていることが少なくありません。外見が外国人にみえても、流暢な日本語を話し、日経新聞を読みこなす外国人投資家もたくさんいます。東証の主体別売買統計は、実際の売買注文を受ける証券会社からの報告で作成されており、外国人投資家かどうかの区分は証券会社の判断に依存しています。グローバル化した経済・株式市場下で、外国人投資家か国内投資家かを区別する意味はなくなってきたのです。

外国人投資家の売買次第の日本株

外国人投資家は日本でバブルが崩壊した90年度以降、米国でＩＴバブルが崩壊した２０００年度を除くと毎年度、日本株を買い越してきました。90年度以降の外国人投資家の日本株累積買い越し額は約70兆円にも達しました。99年度までの買い越しは、日本株が下落する中で米国株が上昇してきたため、日本株が相対的に安くみえたことや、外国人投資家がリスク許容度を高めたためでした。01年度以降、外国人投資家が日本株を買い越したのは、日本経済がデフレ脱却や構造改革などを通じてよくなるとの期待があったためでした。

米国サブプライムローン問題の影響を受けた07年8月から08年3月まで、外国人投資家は約4兆円の日本株を売り越したため、日経平均は07年7月初めの高値から3月半ばの安値まで3割以上も下落しました。08年度に入り、4〜5月は外国人投資家が約2兆円の日本株を買い越したため、日本株は急反発しました。9〜10月初めに、外国人が1兆円近く日本株を売り越すと、日経平均は1万円を割り込んでしまいました。

外国人投資家の日本株に対する投資姿勢は、何によって決まるのでしょうか。それは主として①景気・業績、②政治・政策、③企業経営、④海外市場動向、特に米国動向に依存して決まるといえます。07年夏以降、外国人投資家が日本株を売り越したのは、米国でサブプライムローン問題が発覚し、世界経済の減速懸念が強まり、景気敏感株としての日本株の評価が低下したためでした。

バブル崩壊以降、日本の内需は弱いため、世界経済が好調な時に日本の輸出が増えるという期待で買われることが多かったのですが、最近は世界景気の減速で、日本企業の業績悪化懸念が強まりました。小泉純一郎元首相が退任した後は、構造改革策の逆行とみえるような政策が相次いで採られたことも、外国人投資家の日本株離れをもたらしました。貸金業法や建築基準法の改正などの規制強化が、景気の落ち込みにつながったことから、政策不信が高まりました。多くの日本企業が買収防衛策を採用し、株式持合を復活させ、株主を軽視しているとの批判も出ました。

外国人投資家が再び日本株に積極的になるためには、①～④の条件の改善が必要です。日本の政治が構造改革路線に戻ったり、内需が急回復することはすぐには困難でしょうから、サブプライムローン問題に解決の道筋がみえて、世界経済見通しが好転するか、日本企業の自社株買いが急増するなど株主重視の姿勢が鮮明になる必要があるでしょう。

07年度後半の地域別の外国人投資家動向をみると、欧州投資家の日本株売りが大きくなりました。欧州にはマクロ分析を基に投資判断をするトップダウン型が多いことから、日本の政治や経済情勢の悪化を嫌気して、日本株の売却を増やしました。円がユーロに対して下落したことから、ユーロベースの日本株のパフォーマンスはさらに悪かったことも、欧州投資家の日本株投資を減少させた要因でした。米国投資家には、個別の企業ベースでの判断を積み上げて投資判断をするボトムアップ型が多く、日本株に割安銘柄があると判断して、下値を拾った投資家がいたことから、米国投資家の日本株売り越し

図４－４　地域別の外国人投資家の日本株の買い越し額

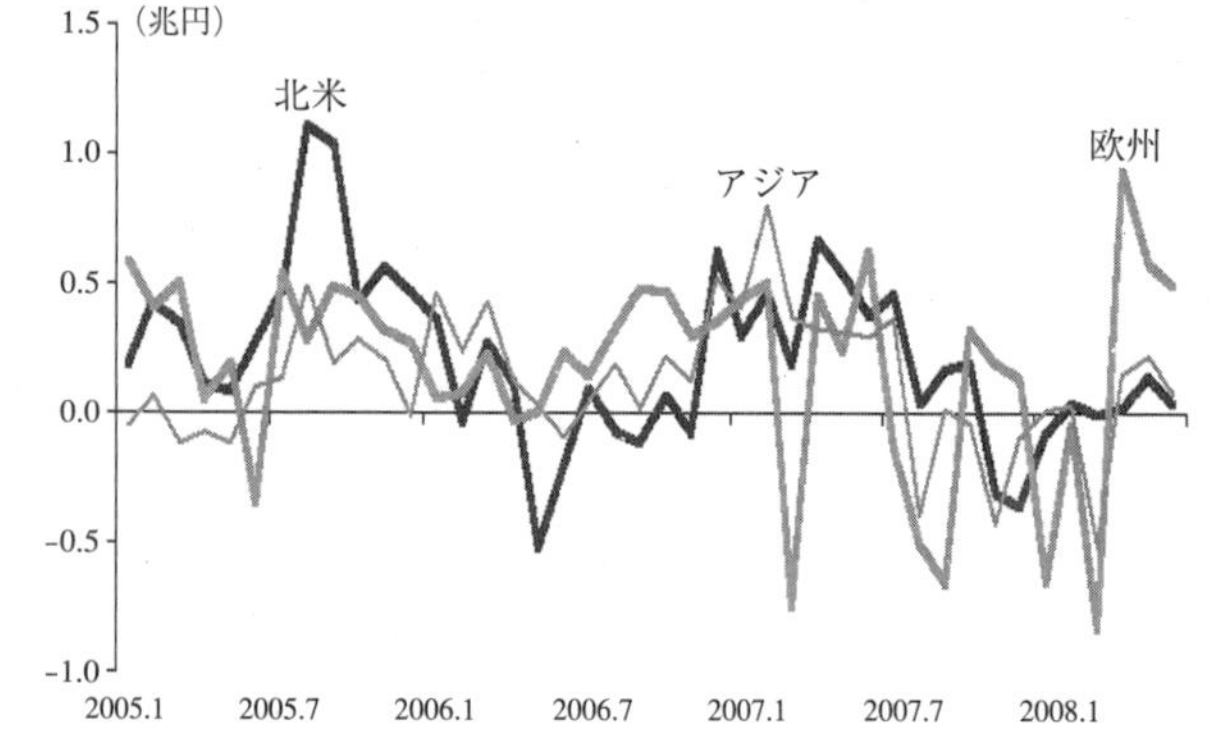

（出所：東証）

額は欧州投資家より小さくなりました。アジア投資家の売り越し額も大きかったのですが、日本での規制を嫌がり、日本からアジアへ運用拠点を移すヘッジファンドが多かったことから、アジア投資家の日本株売りの多くはヘッジファンドによるものと推測されました。

日経平均が一旦の底を入れた08年３月半ばには、ＪＰモルガン・チェースによるベアー・スターンズの買収、ニューヨーク連銀による資金供与などが行われて、世界の株式市場に安心感が広がりました。その後、米国株の急反発でリスク許容度を高めた外国人投資家の資金が、４～５月に日本株に流入しました。米国の信用リスクへの過度の懸念が低下し、米国の景気後退は長引かないとの楽観的な見方が一時台頭しました。

しかし、08年6月以降、米国の景気や金融問題に対する楽観論が消え、米国株は急落しました。大恐慌再来の見方も出て、世界の投資家は、極端にリスク回避的になりました。７月に発表された日本の企業業績や経済指標が悪かったことも加わり、外国人投資家は日本株の売り越しに転じました。９月に入ると、米国発の金融危機が世界的な広がりをみせて、１５８年の歴史があった米国大手証券のリーマン・ブラザーズが経営破綻に追い込まれました。ヘッジファンドの解約や資金償還に備えた売りや純投資を行う投資家の株式比重の引き下げを背景に、外国人投資家の日本株売りが膨らみました。

世界の投資家のセンチメントを表すファンドマネージャー調査

メリルリンチが世界の投資家に毎月行っている投資姿勢に関するアンケート調査である「ファンドマネージャー調査」は、世界の外国人投資家の日本株に対する姿勢をみるのに有益で、調査結果は世界的に注目されています。運用の基準となるベンチマークに比べて日本株を多めに保有している投資家から、少なめに保有している投資家を引いたネット・オーバーウエイトは、３月のマイナス26％から7月に１％とほぼ中立比重にな

図4－5　日本株への現在の資金配分

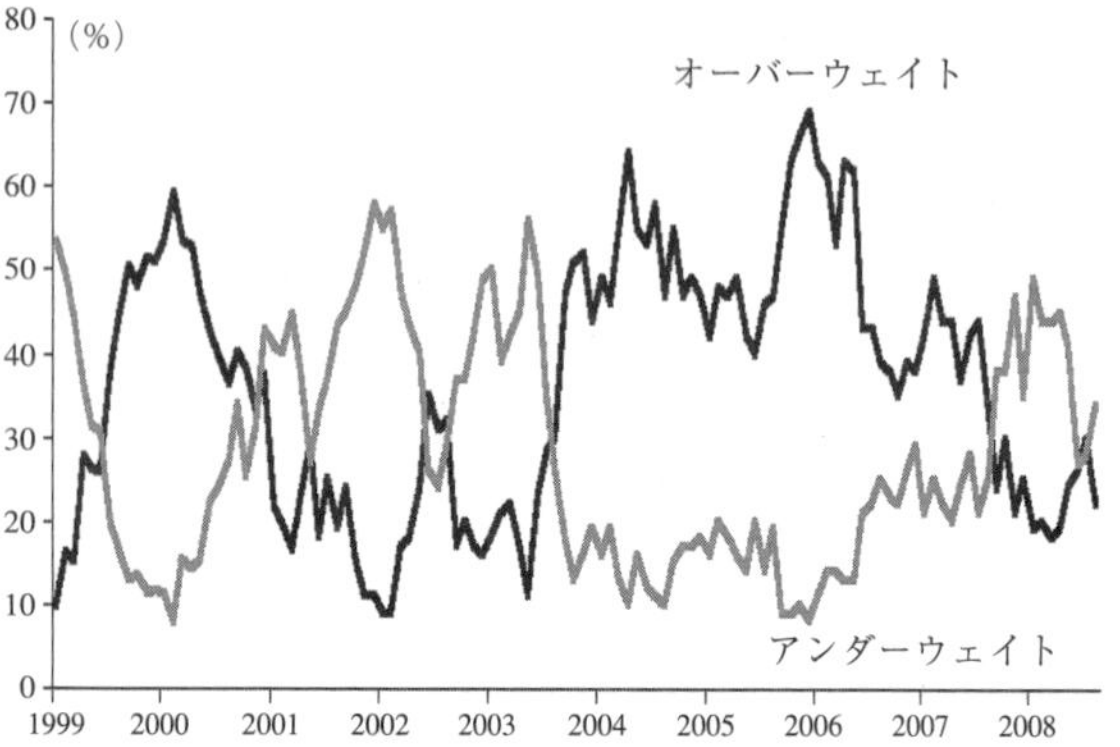

（出所：メリルリンチ）

りましたが、8月に再びマイナス12％に悪化しました。世界的な金融危機と景気後退懸念、日本の企業業績や経済指標の悪化、構造改革策の終焉にみえるような内閣改造などの悪材料が増えたため、外国人投資家が日本株の投資比重を引き下げました。

「ファンドマネージャー調査」によると、世界の投資家から日本株は割安とみなされています。東証1部の09年3月期の予想PER（株価収益率）は12倍と国際比較で特別に安いわけではありませんが、PBR（株価純資産倍率）は約1倍と世界最低です。10月初めには上場企業の約8割がPBR1倍割れと、株価が企業の解散価値を下回るようになりました。キャッシュフロー・ベースのバリュエーションも、世界最低の部類で割安感はあります。ただ、日本株は安いだけで反発のきっかけが見出せないという意味で"Value trap"（割安の罠）と批判されることがあります。PBR1倍割れでも、M&A（企業買収）や自社株買いが増えない異常さを指摘する外国人が少なくありません。

欧米で異なる日本株への投資手法

米国には空売りを得意とするヘッジファンドが多いのですが、ヘッジファンドは日本株のショートでは儲からないと考え、08年春に一旦ロングバイアス（買い持ち）にシフトしましたが、金融危機の深化とともに再びショート（空売り）が多くなりました。しかしその後、株価急落に危機感を抱いた当局による空売り規制が世界的に強まったため、空売りが難しい情勢になりました。ヘッジファンドは世界に約1万あり、資産運用は約2兆ドル（210兆円）といわれていますが、08年は過去最悪の運用パフォーマンスになっているため、年末を控えてファンドの償還に備えた株式売却が増えました。ヘッジファンドは空売りができるため、本来下げ相場にも強いはずですが、08年は想定を越えた下落相場だったため、運用パフォーマンスが悪化したようです。ヘッジファンドは投資銀行からの資金調達や借株が難しくなってきたうえ、年金などのスポンサー離れも起きてきているため、しばらく厳しい経営環境が続きそうです。

米国にはMSCI（Morgan Stanley Capital International）のEAFE（Europe, Australia, Far East）をベンチマークにグローバルに運用する投資家が多くいます。これらの投資家は、米国以外の欧州、アジア・オセアニアから投資する国を選ぶ必要があります。08年夏以降、世界的に株価が急落しましたが、債券や現金保有が許されず、どこかの国の株式を買わざるを得ない投資家もいます。日本の銀行はサブプライムローン関連の損失が相対的に小さく、日本企業は財務体質が強固であるため世界的な貸し渋りの影響を受けにくいとして、日本株を消去法的に見直そうという米国投資家がいました。しかし、米国の金融危機が深刻になると、自国市場が火事の時に、外国株である日本株に投資している余裕などないとの風潮が広がりました。

欧州にはグローバル運用中心の米国投資家と異なり、日本株専任の運用者が多いため、日本株の急落過程で、仕事を失った運用者も少なくありませんでした。そのため、日本株は難しく危険な投資対象とみる欧州投資家が増えました。特に欧州大陸の投資家の日本株離れが広がったため、欧州投資家の中では英国投資家の重要性が一層高まりました。

米国と比べて欧州にはバリュー投資家（割安株投資）よりグロース投資家（成長株投資）が多い傾向が見られます。日本株でも中小型株には成長率が高い企業が多いですが、外国人投資家から内需大型株で高成長を見込める株式がほしいと尋ねられると、こうした企業がほとんどないため、返答に困ってしまいます。

アジアの投資家は、日本株というよりは世界株全体に対して慎重でした。米国経済の鈍化が自国経済の鈍化につながったため、リスク資産である株式を少なめに保有しようとしました。現在、アジアの地場の大手機関投資家としては、GIC（シンガポール政府系の投資会社）程度と数少いですが、アジアの所得と金融資産の蓄積によって、外国株に投資したいという投資家が増えているため、将来的に日本株にとってアジア投資家の重要性が高まるでしょう。

日本は外国からの投資を歓迎しているか

08年5月に対日投資有識者会議が、対日直接投資の抜本的拡大に向けた5つの提言を行いました。提言にはM&Aの円滑化に向けての制度整備、ビジネスコストの削減と制度の透明性の向上、外資誘致による地域活性化と外資歓迎アピールの強化などが含まれ

図４－６　日本の対外内直接投資

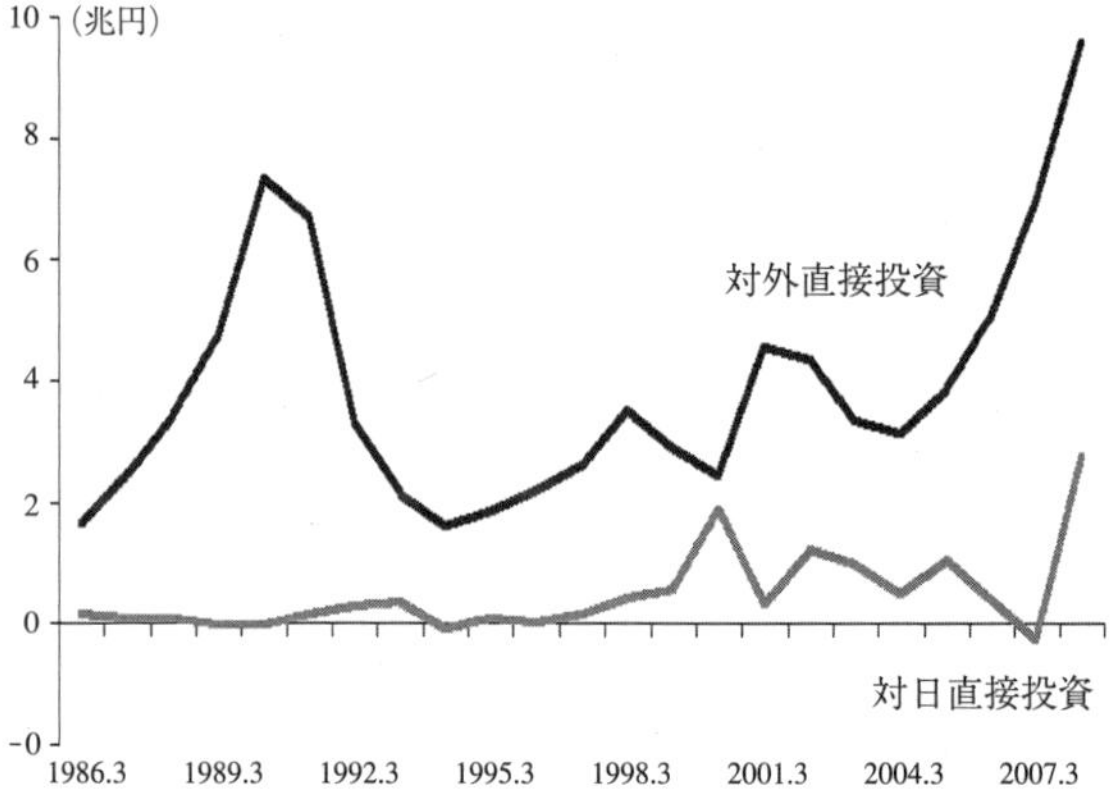

（出所：財務省）

ました。政府は01年から５年間で対日投資残高のＧＤＰ比を２倍（１・２％→２・５％）にする目標を掲げ、１年遅れで目標が達成された後、10年までにさらに倍増させて５％にすることを現在の目標にしています。とはいえ、諸外国では直接投資残高のＧＤＰ比が10～50％に達している中で、日本への直接投資が桁違いに低いという事実に変わりはありません。

政府関係者は、日本の外国からの投資規制は諸外国に比べて遜色ないとおっしゃることが多いのですが、外国人投資家は日本が本当に外国からの投資を歓迎しているのか疑問に思っています。というのも、日本企業は海外企業の買収を積極的に行っていますが、海外企業による日本の大企業買収は、経営難に陥った企業でなければ過去にはあまり実績がありませんでした。07年度までの10年間に日本の対外直接投資が46兆円にのぼったのに対して、外国の対日直接投資は、その約5分の1の9兆円にとどまりました（上場会社の株式取得も10％以上取得した場合には直接投資に勘定されます）。外国人投資家は制度そのものより、外国による日本への直接投資が少ない、外国企業による日本企業の買収が少ないという事実をみて、日本は閉鎖的だと感じることが多いようです。

政府はこれまでに何度も対日投資促進策を打ち出してきたにもかかわらず、対日投資が増えなかったのは、法制度以外の問題（外資アレルギーなど）が大きいためでしょう。ジェトロのアンケート調査によると、外国企業が日本への投資の際の障害として、言語、税金・営業コストや労働コストの高さ、文化・考え方、市場の特殊性・閉鎖性、行政手続きの複雑さなどが挙げられています。日本が本当に外国からの投資を増やしたいなら、外国企業に対する何らかの投資優遇措置があってもよいでしょう。

企業は資金をいかに使うか

株式市場のひとつの側面は、流通市場であり、株式を売りたい人と買いたい人が既に上場している企業の値段を決める場所だということです。株式市場のもうひとつの側面は資金調達の場です。株式市場は、新しい企業が新規公開時に株式を売り出して成長のために必要な資金を調達したり、既存企業が株式を発行して、設備投資やM&Aに必要な資金を調達する場です。

新規公開は06年の181社から07年に117社に減少し、新規公開に伴う資金調達額も5948億円から1765億円と、約3分の1にまで減りました。株式市場に上場した際の初値が公募価格を常に上回り、新規公開銘柄は儲かるという神話があった時代もありましたが、公募価格割れが相次いでいます。08年に入ると、新規公開市場はさらに低迷し、1~6月の新規公開社数はわずか23社、資金調達額は200億円と、前年同期の約4分の1に落ち込みました。新規公開以外の株券発行は06年の104社、1・2兆円から07年に52社、4254億円にまで減りました。流通市場で株価下落が続くと、企業の資金調達意欲、また投資家の株式購入意欲が低下するため、発行市場での株式発行も減少します。

東証上場企業は全体としては、史上最高利益をあげて、営業活動からキャッシュフロー（純現金収支）が潤沢であるうえ、豊富な現預金を保有しているので、株式市場から資金調達できなくても、さほど困ってはいない状況です。金融を除く東証1部企業は、07年度に47兆円の営業キャッシュフローをあげました。固定資産の純取得（すなわち、設備投資）に36兆円使ったほか、配当に6兆円、自社株買いに4兆円を使いました。

企業は株式の投資家が提供した資金に、債券や銀行借り入れなどの資金を加えて、従業員を雇い、設備投資を行い、商品やサービスを提供することで収益をあげています。原材料費や従業員への給料を払い、債券や銀行へ債務返済を行い、税金を支払い残った部分が税引利益、または純利益と呼ばれる最終的な利益です。企業はそれを内部留保として次期へ繰り越すか、配当として株主に還元するか、自社株買いを行うかを決めなければなりません。キャッシュリッチで資金調達の必要性もなく、株主への還元意欲もない企業は、上場している意義が問われる時代になりました。

日本株を売り越し基調の個人投資家

株式市場の機関化が進展する前までは、個人投資家が最大の株主でした。例えば、49年度には株数ベースで個人投資家が持株の69％を保有していました。その後、法人同士の株式持合が進展したことや、投信を通じた間接的な株式保有が進んだことから、個人の株数ベースの株式保有比率は80年度には29％まで低下しました。金額ベースでも個人の株式保有比率は、60年度の38％から80年度に28％に低下しました。90年のバブル崩壊以降は、国内法人が株式保有比率を大きく減らしたのに比べると、個人の株式保有比率は株数ベース、金額ベースともに20％近辺で安定しています。

3市場の主体別投資動向で、個人投資家は売り越し基調が続いています。最後に買い越しになったのは90年度でした。外国人投資家から、日本の個人投資家はなぜ日本株を買わないのかと繰り返し尋ねられるのですが、日本の個人投資家は日本の将来に悲観的であるため、日本株を売却して海外資産を買っているといえます。しかし、3市場の主体別投資動向には統計的な問題もあります。オーナー社長の株式売却も個人投資家の売りに勘定されますし、個人投資家は新規公開株や公募・売り出しに応募することが多く、これらを流通市場で売却すれば、個人投資家の買いは勘定されずに、売りだけが統計に現れることになるのです。日本証券業協会は、新規公開や公募売り出しへの応募を買いとみなした場合の統計を四半期毎に発表しています。これらを考慮しても個人投資家の売り越し基調は変わりませんが、07年の場合、東証とジャスダックで個人投資家は3・4兆円売り越したものの、新規公開と公募売り出しを考慮した場合、売り越し額は2兆円と表面的な売り越し額より大きく減ります。

短期売買のネットトレーダー

日本の個人投資家の株式売買は、現物と信用取引では大きく異なります。現物取引では株価が下落すると買いが入る逆張り志向で、長期保有の傾向があるのに対し、信用取引では短期志向で、株式市場の流れに乗る順張り傾向があります。TOPIXとの相関係数は現物取引がマイナス0・6とマイナスであるのに対し、信用取引は0・3と外国人投資家の次に正の相関が高くなっています。

信用取引ではセミプロ的なネット・トレーダーがインターネットを使い、1日に何度も売買する傾向があります。05年12月にみずほ証券がジェイコム株を誤発注した際に、これに乗じて20億円を稼いだ個人投資家がいました。ライブドアを中心に中小型株の上昇していた05年末に、個人投資家の3市場での売買シェアは、外国人投資家を抜いて50%超にも達しました。その後、中小型株を中心とした株価の長期下落で、個人投資家の売買は低調になってしまいました。08年に入ると、個人投資家の売買シェアは20%強と、外国人投資家の売買シェアの3分の1程度に勢いを失いました。信用買い残は06年2月

図４－７　個人投資家の日本株買い越し額

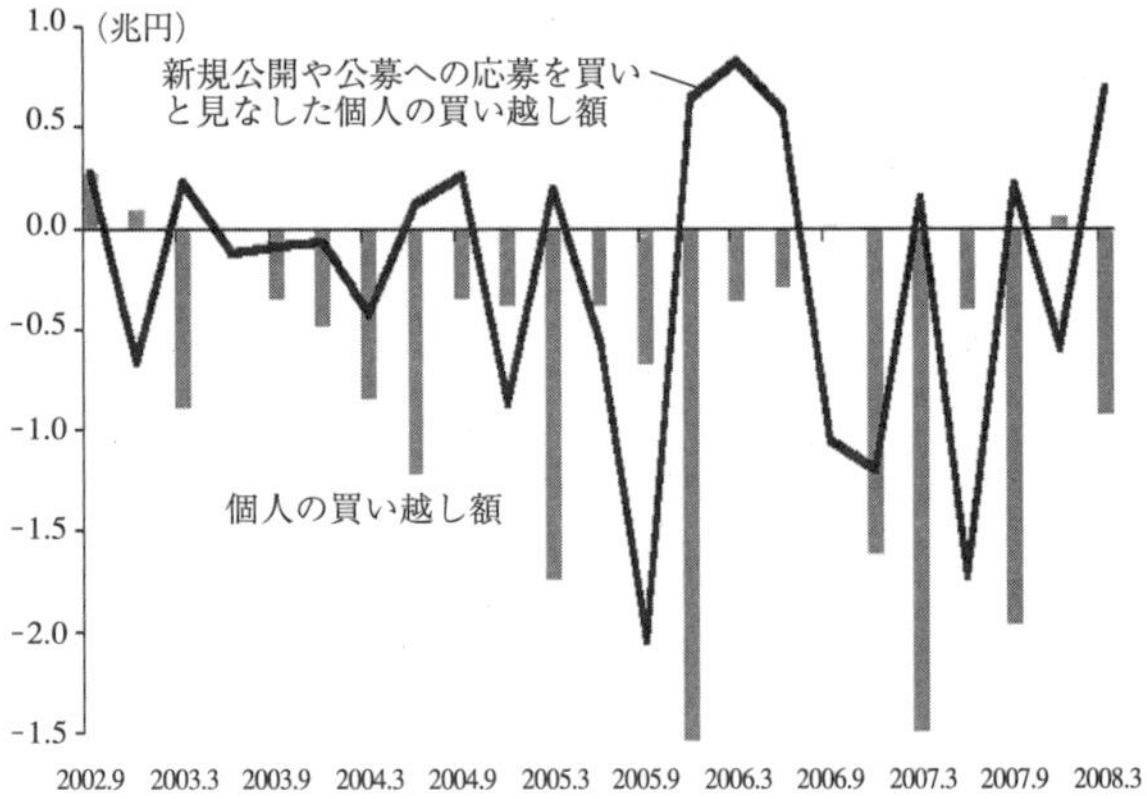

（出所：日本証券業協会、東証）

初めの６兆円をピークに、08年５月に１・７兆円とピーク時の３分の１以下に減りました。

日本の一般の個人投資家に、もっと株式を保有してもらうためには、いつくかの方法が考えられます。まず政治家は、個人が日本経済の将来は明るいと信じられるような前向きな未来図を示す必要があるでしょう。個人投資家は賢いので、日本より中国やインド経済の方が明るいと思えば、虎の子のお金を明るいと思った国へ投資します。容易でないことは承知していますが、政治家は少子高齢化や財政赤字などの構造問題の解決の道筋を示す必要があるでしょう。

複雑な証券税制の改善も求められます。

企業はインカム志向が強い個人投資家のために、配当利回りを高めるべきです。日産自動車の09年3月期の予想配当利回りは、10月初めに8%を越えました。減配リスクがある企業と異なり、日産自動車は配当を確約している企業であるにもかかわらず、買い手がいない異常事態です。日本経済の長期低迷にもかかわらず、海外で収益を伸ばして最高利益を更新した企業は多いので、日本経済と企業業績の中長期的なトレンドが違うことをわかってもらうための地道なＩＲ活動が必要でしょう。

外貨建て中心に急増した投信純資産

公募投信の純資産は、07年10月に82兆円と、3年間で2倍にも増えました。その後、世界的な株価下落で、公募投信の純資産は08年6月に73兆円まで減少しました。投信の資産別の内訳をみると、42%が債券、27%が株式、残りの31%がその他資産です。08年6月の外貨建て投信の純資産は34兆円であり、公募投信の46%が外貨建てということになります。外貨建て投信の純資産は3年で約3倍に増えました。外貨建て投信の内訳は、61%が債券、23%が株式、16%がその他で、投信全体より債券比率が高くなっています。国内株投信には06年末以降、資金が入らなくなり、外国株投信も人気だった中国やインド株が07年夏以降急落し、資金が流出しました。

外国債券投信は人気を持続しています。個人投資家から利回りの高い外国債券への需要が根強いうえ、円高を外貨建て資産の買いチャンスと捉える個人投資家が多いためでしょう。ただ、08年夏以降、ユーロやオセアニア通貨が対円で急落し、外国債券投信のパフォーマンスがかなり悪化したため、個人投資家の外国債券投信への投資行動が変化するのかどうか注目される状況になりました。

日本株投信の08年6月末の業種比重は、電機が17％で最も高く、次いで輸送機の9％、銀行の7％と続いています。東証1部の中立比重より電機株の比重が高いのは、成長性を謳い、テクノロジー株に投資するテーマ別投信が多いためです。個別銘柄では、時価総額が最も大きいトヨタ自動車を1位の保有銘柄にする投信が多いほか、大手銀行も上位に組み入れられています。主要な株式投信は上位に自動車や機械など国際優良株を組み入れていた投信が多かったため、株価急落でベンチマークであるTOPIX以上に基準価額が下落しました。

日本の公募投信で純資産が最大の投信は、国際投信投資顧問の「グローバル・ソブリン・オープン（通称グロソブ）」であり、純資産は約5兆円あります。97年12月に設定さ

図4－8　公募株式投信の純資産内訳

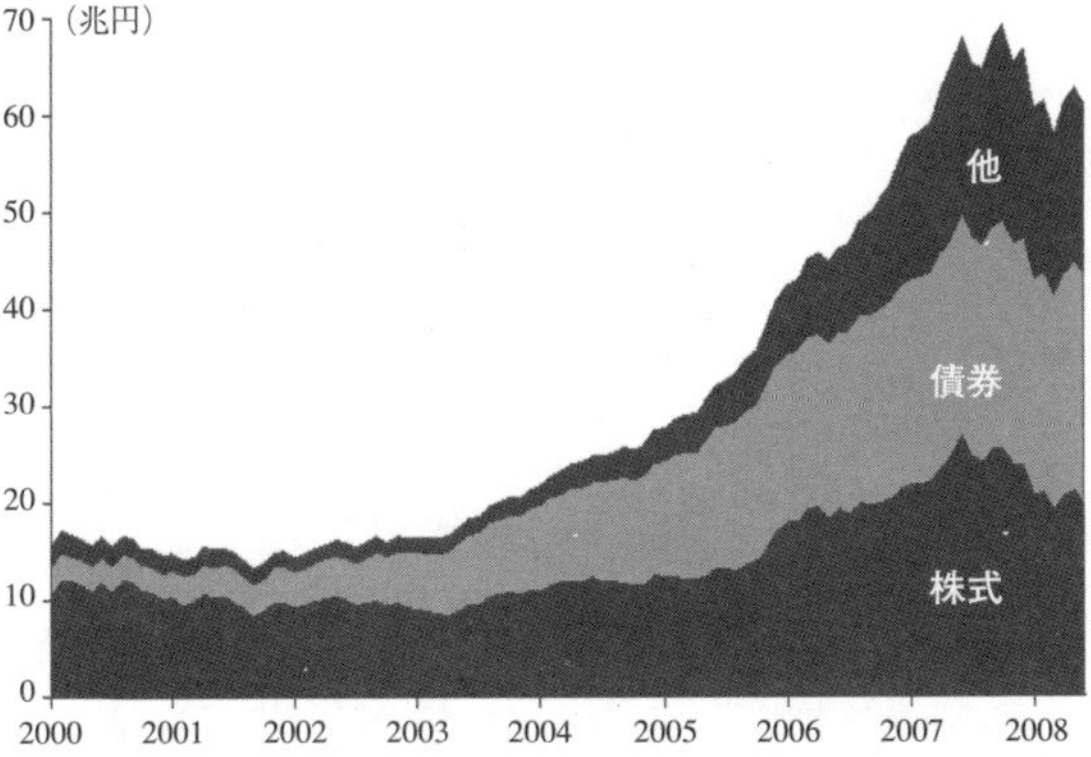

（出所：投信協会）

れ、円安の流れにも乗り、設定来のパフォーマンスが良かったことや、毎月分配金を出すという仕組みが退職者を中心に人気を博しました。98年12月に銀行での投信販売が解禁されて、安定した利回りを提供できるとして、地銀など銀行が「グローバル・ソブリン・オープン」を積極的に販売したことも、同ファンドの急成長の理由でした。

ソブリン債とは政府や政府機関が発行する債券であり、格付けが高いものです。「グローバル・ソブリン・オープン」は08年7月末に71％をＡＡＡ、6％をＡＡ＋、22％をＡＡの格付けの債券に投資していたため、低格付け債券が急落した米国サブプライムローン問題からの打撃をあまり受けませんでした。通貨別では44％をユーロ、23％を米ドル、5％をカナダドル債券に投資していたほか、円債にも11％投資していました。しかし、ユーロが対円で急落したため、足元の運用パフォーマンスは悪化しました。同じ外国債券投信といっても、投資先が異なるため、投資先の通貨や格付けをみる必要があります。

最近、投信は、世界的な株価下落や円高によって、基準価格が下落した投信が多くあります。しかし、現預金に偏っている日本の家計資産にとって、中長期的に世界の株式、債券、不動産にまで投資できる投信のスキーム自体は依然、有効でしょう。世界の金融市場の先行きはあまりに不透明であり、勇気ある投資は困難な状況かもしれません。しかし、日経平均が1日に9％下落、1週間で24％も下落し、PBR1倍割れ銘柄が8割にも達する状況は明らかに異常です。今、株式を売らなければならない投資家が、バリユエーション関係なしに投げ売りしている状況です。「人の行く裏に道あり花の山」の格言を心に、有名なバリュー投資家のウォーレン・バフェット氏に倣って現在のような混乱期に投資すれば、将来高いリターンで報われる可能性は高いでしょう。

CHANGE 5

銀行や保険会社に預けられた資金はどこへ行くのか

小泉元首相が政治生命をかけた郵政民営化

日本郵政公社は小泉純一郎元首相の強い意志により、07年10月に民営化されました。日本郵政株式会社を持株会社として、傘下に郵便事業株式会社、郵便局株式会社、株式会社ゆうちょ銀行、株式会社かんぽ生命保険の4つの事業会社が入る形で、分社化されました。しかし、民営化後も、郵便局株式会社が郵便事業株式会社、株式会社ゆうちょ銀行、株式会社かんぽ生命保険から委託を受け、民営化前と同じように全国の郵便局で郵便・貯金・保険のサービスが提供されているため、一般利用者にとっては看板の付け替えにすぎないとみえるかもしれません。

民営化に伴い、民営前の貯金と保険契約を承継する独立行政法人郵便貯金・簡易生命保険管理機構が設立されました。これによって、民営化後に預けた貯金に政府保証がなくなり、民間銀行と同様、預金保険制度により、元本1000万円までとその利息が保護されることになりました。日本郵政株式会社が保有するゆうちょ銀行とかんぽ生命保険の株式は、17年9月末までにすべて売却される予定になっています。

ゆうちょ銀行とかんぽ生命保険が上場して株主が代われば、両社は政府ではなく、株主に対して経営責任を負うことになります。現在、政府は日本郵政株式会社の株式を全額保有していますが、17年9月以降も3分の1超を保有し続ける見込みです。郵便事業株式会社と郵便局株式会社の株式は、日本郵政株式会社が全額保有し続けることになっています。民主党は、郵政民営化に反対した自民党離脱者により創設された国民新党との選挙協力を強化するため、郵政民営化の抜本見直しを政策に掲げており、民主党が次期衆院選で勝利した場合、ゆうちょ銀行とかんぽ生命保険の上場計画が見直される可能性があります。

依然巨大なゆうちょ

郵便貯金残高は00年3月の261兆円から、民営化直前の07年9月には188兆円まで減少しました。これは年間約10兆円のペースで流出した計算になります。高金利時代に預けられた郵便貯金が順次償還されたことや、不良債権問題の解決で民間銀行への信頼が回復したことが、郵便貯金減少の主因です。

民営化以降も郵便貯金残高の減少傾向に歯止めはかからず、07年10月の187兆円から08年6月に181兆円と約6兆円減少しました。181兆円の内訳は流動性預金が64

兆円、定期性預金が117兆円となっています。

しかし、郵便貯金残高は減少傾向にあるとはいえ、未だに三菱ＵＦＪフィナンシャル・グループの預金残高の1・8倍、地銀の預金合計に迫る巨大さを保持しています。将来上場を予定しているため、ゆうちょ銀行は資金流出の継続に危機感を抱いています。08年4月に流動性預金の限度額規制撤廃の政令改正を要望し、5月には定額貯金が10年満期を迎えた個人顧客を対象にキャンペーンを実施しました。

郵便局での投信販売は、05年10月に解禁されました。当初は郵便局員がリスク商品の販売に慣れていないという問題が指摘されましたが、郵便局での自社商品の販売増加を目指す投信会社からのサポートに支えられ、郵便局での投信販売は順調に拡大し、08年6月までに販売投信の純資産は1・1兆円にまで達しました。ただし、ゆうちょの投信販売残高は郵便貯金残高に比べてまだ100分の1以下ですし、投信販売のチャンネルとしても1％強を占めるに過ぎません。

郵便貯金の資金運用は、かつて財務省の資金運用部への預託義務があり、「財政投融資」として運用されてきました。つまり、国や地方公共団体などに市場を通じて長期・安定的に資金供給することを目的にしていました。87年6月から財投預託金の一部を借りて自主運用を始め、01年4月の財投改革で預託義務が廃止され、全額自主運用されることになりました。01年4月時点で財務省の財政融資資金（旧資金運用部）に預託されていた郵便貯金資金は、原則7年の契約満期時に償還されると決まりました。08年3月までは経過措置として、財投債の引き受けを行うことになりました。

民営化後の初の決算になった08年3月末のゆうちょ銀行の貸借対照表をみると、資産212兆円は、国債に74％、地方債と社債に各々4％ずつ投資されていました。預託金が10％で、貸付金はわずか2％でした。こうしたことから、我々が郵便貯金に貯金することは、間接的に国債を買うことを意味することがわかると思います。

資産運用において、ゆうちょ銀行は07年12月に運用対象の自由化で、金融庁と総務省の認可を得ました。新たに認可された6業務は、シンジケートローンと特別目的会社（SPC）への貸付け、公共債の売買、信託受益権・株式の売買、貸出債権の取得または譲渡、金利スワップ取引・金利先物取引、リバースレポ取引です。資産運用では、ゆうちょ銀行は08年2月に新日本製鉄向けシンジケートローンで、初めて企業向け融資に参加しました。5月から新規業務の目玉として、民営化後の初めての本格的な融資商品となる住宅ローンの取り扱いを開始しました。ただ、ゆうちょ銀行の新規事業の出足は全

図５－１　ゆうちょ銀行の資産構成

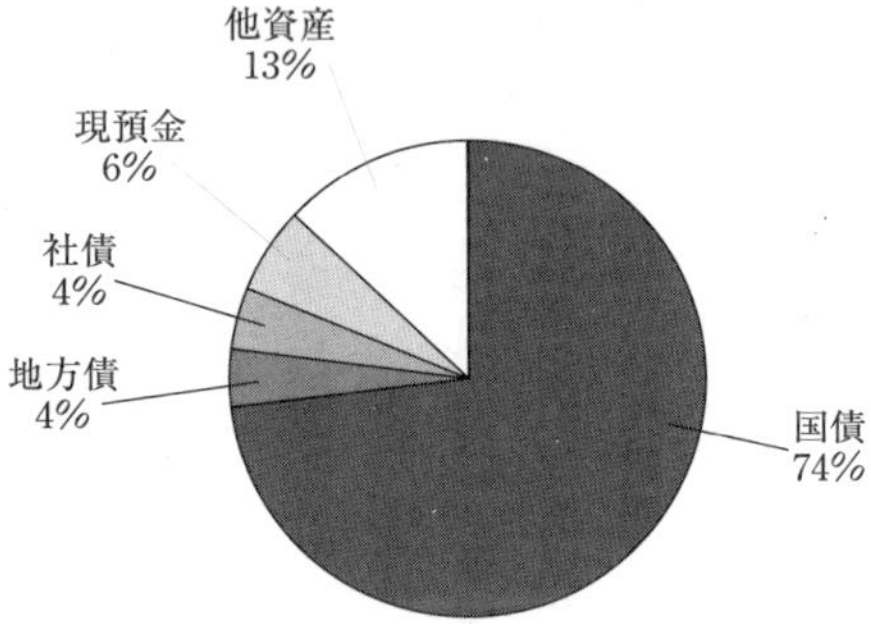

注：現預金はコールローンと金銭信託を含む、2008年3月末時点、総資産は212兆円
（出所：日本郵政）

般に鈍くなっています。

株式会社ゆうちょ銀行は、持株会社である日本郵政株式会社の傘下で、最も稼ぎが良い子会社です。ゆうちょ銀行は、日本郵政の純利益２７７３億円の過半数に当たる１５２１億円を稼ぎだしました。逆に、グループ３社から委託された窓口業務を行う郵便局株式会社の純利益はわずか47億円でした。しかし、ゆうちょ銀行は日本郵政グループの中で稼ぎ頭とはいえ、純利益は大手銀行の半分程度にとどまっています。このため、ゆうちょ銀行は株式上場に向けて、収益力を強化する必要があります。巨額の資産の運用力を高めると同時に、民間銀行同様に非金利収入を増やす必要があるでし

ょう。

事業の多様化では、不動産の有効活用も必要です。東京駅の丸の内側に位置する低層の東京中央郵便局は、竹中平蔵元総務相からは旧郵政公社の非効率経営の象徴のように批判されていましたが、昭和を代表する歴史的建造物であるため、再開発すべきではないとの保存運動もありました。08年6月に日本郵政グループは、地上5階までは外観を残したままで、地上38階建てのガラス張りのビルに建て替えることを決めました。

ゆうちょもかんぽも国債中心の運用

かんぽ生命保険の総資産は減少傾向とはいえ、08年3月に112兆円と民間生保最大の日本生命の総資産に比べ2倍も大きく、民間生保合計の総資産の約半分に迫る巨大さがあります。年金保険の契約額は2・5兆円程度で安定しており、約8割が定期年金保険という内訳になっています。しかし、販売商品の多様化を進めるために、かんぽ生命保険は08年4月に法人向け商品の受託販売や入院特約の見直しの新規業務の認可を受け、5月から変額年金保険の販売を開始しました。

かんぽ生命保険の資産運用は、08年3月時点の総資産112兆円のうち国債が62％と、圧倒的シェアを占めました。残りは貸出金18％、社債9％、地方債3％、外国証券2％に投資され、株式が含まれる金銭信託は2％でした。金銭信託の内訳は、簿価2兆円、時価1・8兆円（すなわち、含み損が2、200億円）の株式でした。

民間生保の資産構成に比べて、かんぽ生命保険は国債保有比率が約3倍ある反面、株式保有比率が低くなっているため、今後、運用利回り向上のために株式比重を引き上げる可能性があるでしょう。郵便貯金同様に、かんぽ生命保険に加入するということは間接的に国債を買っていることになります。ゆうちょ銀行同様に、かんぽ生命保険も07年12月に運用対象の自由化として、シンジケートローン、信託受益権・株式の取得、貸出債権の取得、金利スワップ取引の新たな4業務の認可を受けました。

ゆうちょ銀行とかんぽ生命保険は、郵便貯金や簡保で集めた資金を、以前は資金運用部に預け、現在は国債で運用するビジネスモデルになっています。将来的に金利が上がれば保有国債の含み損が生じる可能性があるため、金利リスクの管理が最大の経営課題となるでしょう。

また、ゆうちょ銀行には民間銀行が行っているような住宅ローンや中小企業向け融資のノウハウの蓄積がありません。ゆうちょ銀行とかんぽ生命保険は、将来的には農林中

図5－2　かんぽ生命保険の運用状況

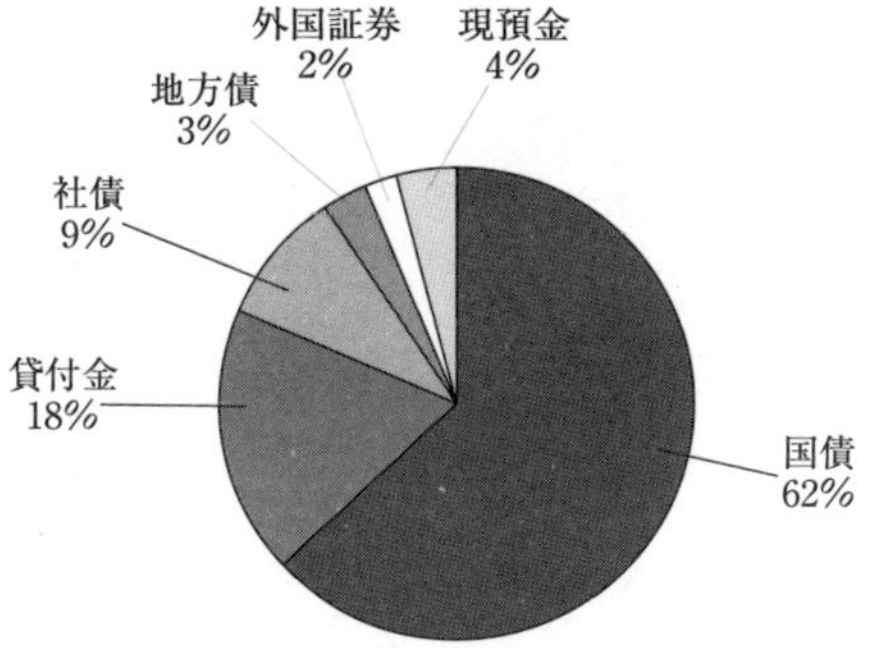

注：現預金はコールローンと金銭信託を含む、2008年3月末時点、総資産は112兆円
（出所：日本郵政）

金に似た巨大な機関投資家になるでしょうが、資産運用のノウハウ蓄積に時間がかかるでしょう。

ゆうちょ銀行とかんぽ生命保険の強みは、全国津々浦々に２４５００もある郵便局のネットワークです。かんぽ生命保険と日本生命の巨大提携に現れたように、民間金融機関はゆうちょ銀行とかんぽ生命保険に敵対するよりも、ゆうちょ銀行やかんぽ生命保険と協業関係を築こうとしています。三菱ＵＦＪフィナンシャル・グループでも国内店舗数は８７１にとどまるため、郵便局ネットワークを活用できたら、営業基盤は強化できます。高度な金融ノウハウをもつ大手銀行と、ゆうちょ銀行は補完関係を築ける可能性が高いといえます。しかし一方で、地銀はゆうちょ銀行と競合する分野が多くあります。未だに109行もある地銀・第二地銀は再編を求められるでしょう。

大きく変化した国内銀行の資産構成

国内銀行を合算した貸借対照表をみると、93年以降、総資産は720～790兆円で横ばいでの推移になっています。負債サイドの預金残高は、94年1月の445兆円から08年3月に555兆円と110兆円ほど増えました。当初は普通預金残高の増加が大きかったのですが、最近は定期預金残高が回復傾向にあります。不良債権問題が解決され、国内銀行への信頼が回復したことや、短期金利が多少上がったことの反映でしょう。

国内銀行の資産構成は大きく変わりました。貸出金が97年12月の493兆円から05年6月の395兆円へと100兆円も減り、貸し渋りが社会問題化しました。貸出金が減った代わりに、有価証券の保有残高が倍増しました。当初は国債保有残高が増えましたが、最近は社債保有残高が増えてきています。08年6月末の国内銀行の資産構成は、貸出が53%、有価証券が24%（うち国債は11%）でした。我々が銀行に預金した場合、郵便貯金と違ってほとんど国債に投資されるというわけではなく、貸出、特に中小企業向け貸出に回される比率が高いといえます。

国内銀行の総資産に占める株式の比重は、97年2月の6・4%から08年4月に2・6%と、半分以下に低下しました。銀行は3市場（東証、大証、名証）で、97年度から05年度まで9年連続で8兆円強の日本株を売り越し、持合解消売りが株式市場の大きな重石になっていまいした。現在、事業会社間で買収防衛策の一環として株式持合を復活させる動きが目立っていますが、銀行は持合復活に参加しておらず、事業会社間の持合に留まっていることが、80年代の株式持合と異なる特徴です。

ジャスダックを除く全国5証券取引所に上場している企業の株式のうち都銀・地銀が保有している比率は、88〜90年度の15・7%をピークに、06年度に4・6%と3分の1以下に低下しました。銀行貸出は98年1月から8年間にわたって前年比で減少が続きましたが、06年1月から増加に転じ、08年6月は前年同月比で2・0%増えました。特に地銀や第二地銀の貸出が増えました。

08年6月末時点の業種別貸出比率をみると、製造業向けは12%を占めるに過ぎず、非製造業向けが55%、個人向けが28%を占めました。非製造業向け貸出の中で最も大きいのが不動産で、全貸出の14%の占有率です。中小企業向け貸出は全貸出の44%を占めま

図５－３　国内銀行の資産構成

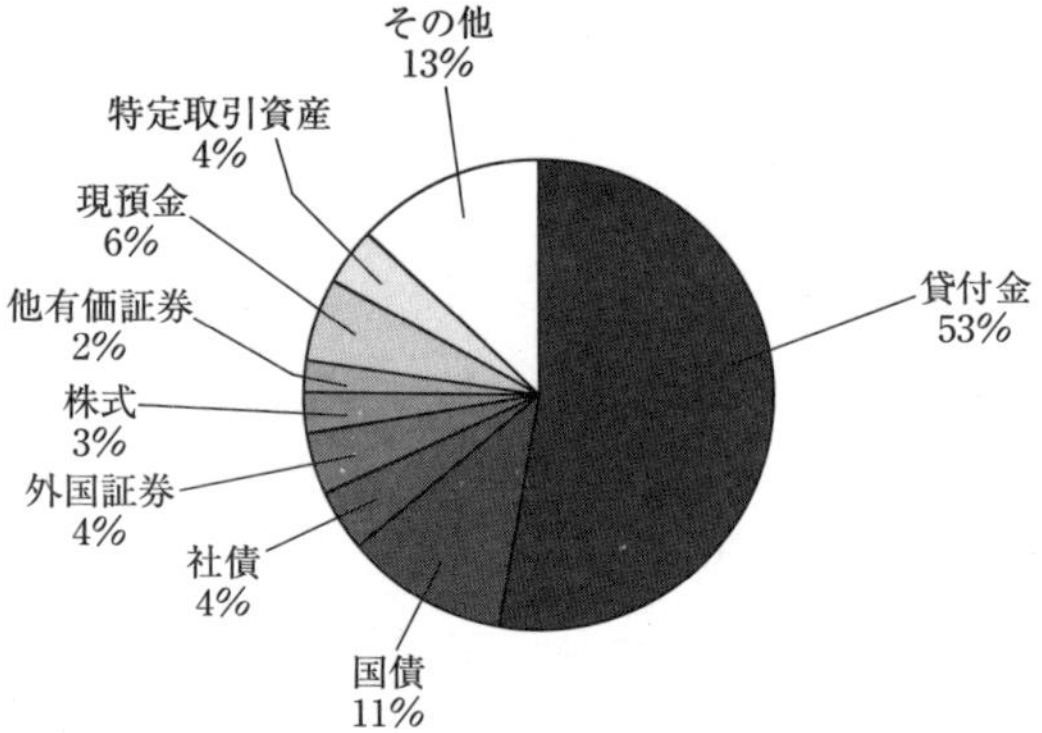

注：現預金はコールローンと金銭信託を含む、2008年3月末時点、総資産は112兆円
（出所：日本銀行）

した。ここから銀行貸出の増減に、日本を代表する大企業製造業は無関係であり、中小企業や非製造業の業況にかかっているということがわかります。

住宅ローンを中心に個人向け貸出が増加した一方で、中小企業向け貸出は不振で、不動産向け貸出も伸び率が鈍化してきました。国内銀行の住宅ローン残高は、07年末に96兆円と過去最高になりましたが、サブプライムローン問題が起きている米国の住宅ローン残高は10兆ドル（１０５０兆円）と、日本の約10倍もあります。

融資以外では、銀行は98年12月に投信販売を認可されて以来、投信を積極的に販売しています。08年６月までに銀行が販売した公募投信の純資産は31兆円と、販売シェア43％を獲得しました。依然として販売シェアは証券会社の方が大きいですが、銀行は証券会社より高い信頼力やアクセスのしやすさを武器に、外債型や多資産分散型の投信販売の増加に成功したといえます。

中小企業は中国との競争、人手不足や原材料高の悪影響、公共事業の減少、生産性の停滞などの構造問題に直面しているため、景況感の大幅改善は難しい状況です。石原慎太郎東京都知事の肝煎りで、05年4月に中小企業向け無担保融資を目的に開業した新銀行東京は、１０００億円超もの累積損失を出し、08年3月に東京都は４００億円の追加出資に追い込まれました。中小企業向け貸出のノウハウがいかに難しいかを示す事例になってしまいました。民間銀行批判の急先鋒だった石原東京都知事は、新銀行東京の旧経営陣を批判して、自らの責任を回避しました。都議会も新銀行東京の設立を認可した負い目があるうえ、政治絡みの温情融資も指摘されたため、石原東京都知事の追及に力が入らなかったといえるでしょう。

バブル崩壊以前にはエリートがこぞって入社した銀行は近年、何かと批判されることが多くなりました。高給取り批判、貸し渋り批判が終わったと思ったら、リストラで業績が回復すると、儲けすぎ批判が起きました。日本は資金需要が弱いので、銀行は株主から非金利収入を増やすように求められています。銀行が預金や投信残高の多寡で、顧客のサービスを差別化しようとするのは、民間企業としては当然の行為でしょう。百貨店や自動車ディーラーにしても、高い買い物をしてくれる優良顧客を優遇するというのと同じ原理です。銀行がＡＴＭや送金手数料を引き上げようとすると、預金者に低金利を強いていながら、手数料を引き上げるのはけしからんとの批判を受けました。銀行のシステム投資には多額の費用が必要なので、それ相応の手数料を要求するのは当然ですし、短期金利を決めるのは日銀であり、民間銀行ではありません。

銀行が低金利で恩恵を受けていると批判する政治家がいますが、低金利から最も大きな恩恵を受けているのは、巨額の負債を抱えた政府部門に他なりません。銀行批判に対して大手銀行経営者からは、日本の銀行は社会的公器だから、あまり儲けることはできないとの弱気の発言まで出ました。公的資金が入ったままの銀行であれば、国の経営指導を受けることになりますが、公的資金を完済した民間銀行は、銀行の公共性を認識しながらも、株主利益を最大化することが求められるでしょう。

保険料収入の減少が続く生命保険

国内生命保険会社40社の07年度の保険料収入は、2年連続で前年度を下回りました。保険金不払いの影響が尾を引いているうえ、株価下落で変額年金の販売が低迷しました。中長期的にも少子高齢化で国内生保市場は縮小し続けると予想されるため、生保は厳しい経営環境にあります。

国内生命保険会社の資産運用先を02年4月と08年4月で比べると、貸付の比率が26%から16%へ低下した分、有価証券の比率が60%から71%へ上昇しました。有価証券の内訳では、株式の比率が13%から9%へ低下する一方、国債が15%から23%、外国証券が14%から21%へ上昇しました。

かんぽ生命保険と総資産に占める貸出比率は同程度ですが、有価証券の内訳が大きく異なります。民間生保はかんぽ生命保険に比べ、国債比率が3分の1である一方、外国証券と株式の比率は各々約8倍、4倍になっています。ただ、3市場の日本株売買で生損保は、07年度に16年ぶりに若干の買い越しに転じました。生保は多くの事業会社にとって現在も重要な安定株主ですが、ジャスダックを除く全国5証券取引所に上場している企業の株式のうち生保が保有している比率は、86年度の12・8%をピークに、06年度に5・4%と半分以下に低下しました。08年度の主要生保の資金運用計画は、国内株を

図５－４　生保の資産運用状況

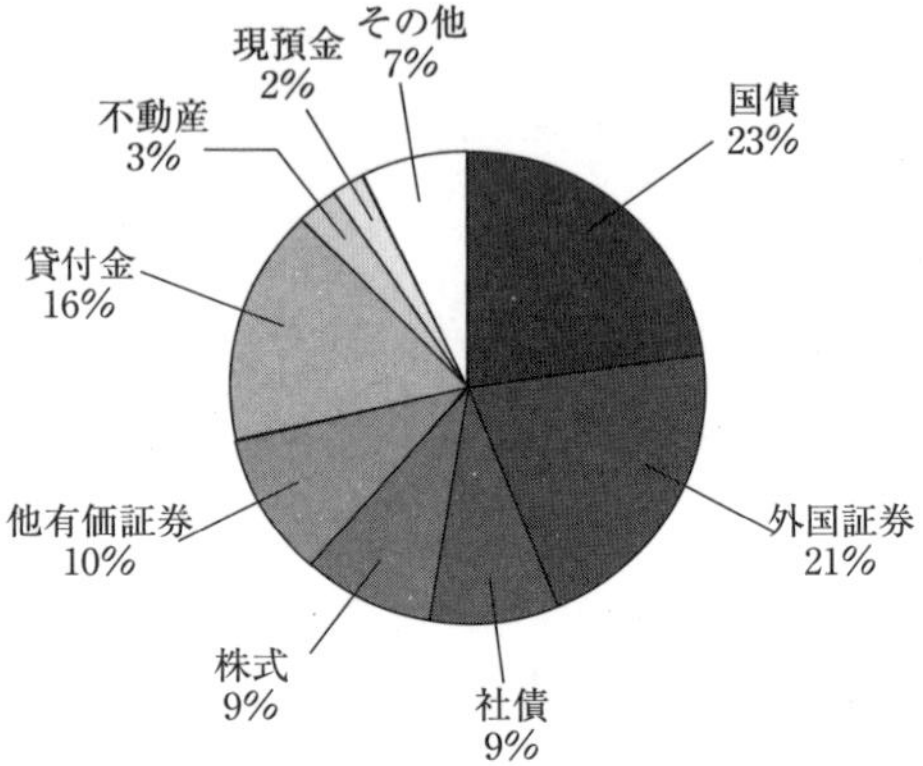

注：現預金はコールローンを含む、生保42社合計、2008年4月末時点、総資産は210兆円
（出所：生命保険協会）

減らして、国内債を増やす計画になっています。

生保がリスク回避的な投資姿勢になっているのは、「ソルベンシー・マージン比率」の見直しが検討されていることも影響しています。ソルベンシー・マージン比率とは、保険会社が通常の予測を超えるリスクに対して、どの程度自己資本・準備金などの支払余力を有するかを示す健全性の指標であり、日本では96年に導入されました。ソルベンシー・マージン比率＝支払余力÷（１／２）×リスク総額）で計算され、２００％以下になると是正措置命令が発動される決まりです。分子の支払余力は自己資本や準備金であり、分母のリスクには大規模災害などによって保険金支払いが増額するリスクが入ります。資産運用に関するリスクなどがあるソルベンシー・マージン比率が２００％を超えていた生保の破綻、金融市場の変動性増大、保険会社の会計基準を厳格化する国際的な流れなどを背景に、金融庁はソルベンシー・マージン比率を見直すことを決めました。金融庁はソルベンシー・マージン比率の見直しを、早ければ09年３月期に適用する方針です。

世界的な金融危機で、米国保険最大手のＡＩＧが公的管理化に置かれることになりましたが、日本でも10月に中堅生保の大和生命が破綻しました。大和生命は、他社よりもリスクが高い運用をしていたことが裏目に出たと報じられています。

日本を代表する機関投資家の農林中金

農協の系統金融の頂点に立つ農林中金は、日本を代表する機関投資家です。07年度末に市町村段階のＪＡ（農協）に農業者等から預けられた預金82兆円は、組合員等への貸出に充てられた後、49兆円が都道府県段階の県信連に預けられました。県信連は農林中金に系統預け金30兆円を預け、農林中金が市場運用や貸出などで運用するという仕組みになっています。農林中金の08年３月期の決算概用説明資料によると、農林中金（単体）

は61兆円の資産のうち、36兆円を有価証券、8兆円を金銭信託、10兆円を貸出金で運用しました。農林中金の市場運用資産の内訳は、33%が外国債券、21%が国内債券、5%が国内株、4%が外国株、29%が海外クレジット、8%が国内クレジットでした。また、債券・クレジット資産のうち8割はAA格以上でした。

農林中金の資産運用は、他の金融機関より、外国証券での運用比率が高くなっています。JAに預金した地方の農家が、預けた資金が農林中金で外国証券などに高度運用されていると知ったら驚くでしょう。米国サブプライムローン問題で、ファニーメイ（連邦住宅抵当公社）とフレディマック（連邦住宅貸付抵当会社）の経営が悪化し、08年7月に米国政府は両社の救済策を発表しましたが、農林中金は両社が発行した債券を5・5兆円（機関債2兆円と住宅ローン担保証券3・5兆円）保有していることを明らかにしました。農林中金の上野博史理事長は「住宅公社2社は米国政府の住宅政策の根幹を担っている。米国債とほぼ同じ信用力がある」と述べました（『日本経済新聞』08年7月18日）。

9月に米国政府は、住宅公社2社を政府管理下に置き、公的資金で資本増強する救済策を発表しましたが、その際に米財務省が両社の債券の大手保有者である日本の金融機関に対して、個別に再建策の説明を行ったと報じられました。80年代後半のバブル期ほどではないものの、日本の機関投資家が米国債券市場の重要な投資家であることを示すエピソードといえるでしょう。

CHANGE 6

国債残高と年金財政は持続可能か

日本国債の保有構造はどうなっているか

日本国債は株式とは対照的に外国人投資家の保有比率が低く、国内金融機関中心に保有されています。08年3月末の国債の保有者別内訳は、銀行が41％で最大で、19％の生損保、11％の公的年金、9％の日銀と続きます。外国人投資家の保有比率は7％、家計の保有比率は5％に留まります。

日本国債の外国人保有比率は、日本株の28％、米国債の47％、主要欧州国国債の30～50％に比べても低いといえます。日本の国債は利回りが低いうえ、外国人投資家は日本の巨額の財政赤字を懸念しているため、日本の国債は円高期待でもないと、外国人投資家にとって魅力が小さい資産とみられてきました。サブプライムローン問題で世界景気の悪化懸念が高まったにもかかわらず、世界的に財政支出拡大に伴う国債発行圧力が高まっているため、国債利回りは低下しにくい状況になっています。

外国人の日本国債保有額は08年3月末に前年比21％増えて、初めて50兆円を突破しました。海外債券市場がサブプライムローン問題でリスクが高まったため、安全資産としての日本国債が再評価されたためです。しかし、中長期的には日本国債に慎重な外国人

図6－1　日本国債の所有者内訳

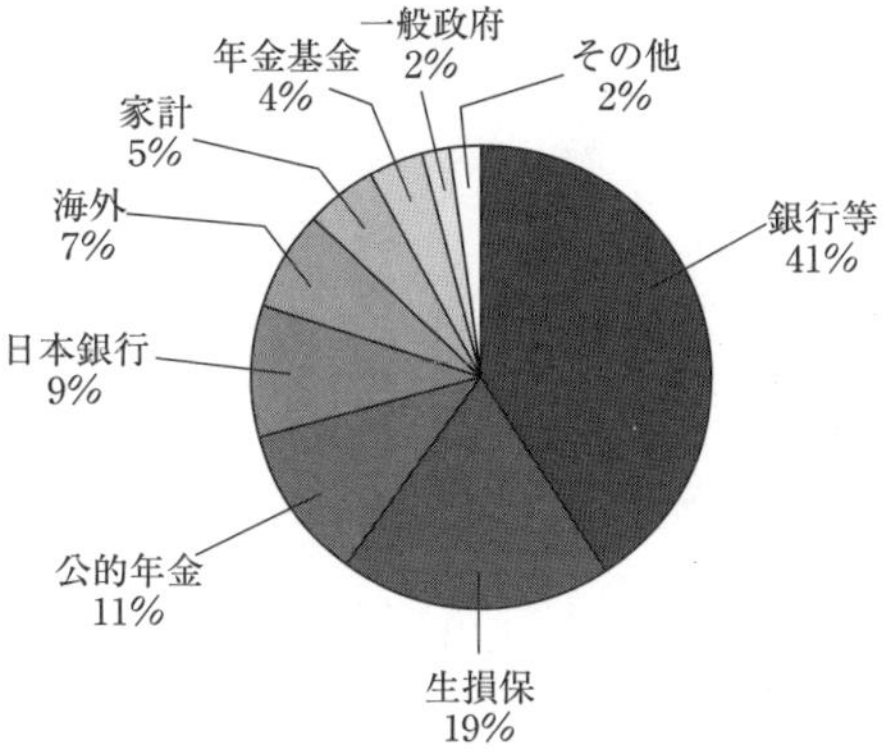

注：2008年3月末時点、普通国債残高は542兆円
（出所：財務省）

投資家が依然多いといえます。財務省は05年1月に外国人保有比率を高めるために、国債の海外ＩＲを開始しました。最近は欧米だけでなく、オイルマネーを求めて、中東やロシアでも国債のＩＲを行いました。

財務省は国債の魅力度を高めて、順調に消化されるように様々な努力をしてきました。03年3月には個人向け国債の発行を開始しましたが、個人向け国債は1万円単位で購入でき、年4回募集されます。国債保有に占める家計の比率は08年3月末に5％と低いですが、5年前に比べると約2倍に上昇しており、個人保有比率を高めようという財務省の努力の成果は現れています。

巨額の財政赤字をファイナンスするには、

将来的にインフレを引き起こして、借金を実質ベースで帳消しにするしかないとの懸念に対処する形で、04年3月に「物価連動国債」が導入されました。物価連動国債は元本が物価動向に連動して増減するため、インフレヘッジ機能を備えています。国内機関投資家の長期運用のニーズに応えるため、08年5月には40年国債を発行しました。

国債の新規発行額は、04年度の36・6兆円をピークに3年連続で減額されて、07年度は25・3兆円と、04年度比で10兆円強減りました。景気回復で税収が好調だったほか、弛まない歳出改革が実施されたためです。公債依存度（国債発行額÷歳入）が45％から31％へ低下しましたが、歳入の約3分の1が国債という異常な状態に変わりはありません。

国家財政を家計にたとえると……

国債発行残高は08年度に553兆円と過去最高を更新中であり、約10年分の税収に匹敵します。これは国民1人当たり430万円の借金があることを意味し、4人家族であれば、1700万円の借金を背負っている計算になります。普通国債残高は建設国債の236兆円と赤字国債の292兆円に大分できます。これに地方の債務を加えれば、国と地方の債務残高は778兆円となり、債務残高のGDP比が148％ということで、先進国の中で飛び抜けて高い値になっています。日本政府は負債が多い一方で、資産も豊富ですが、政府債務から政府保有の金融資産を引いた純債務残高でみたGDP比でも、日本は91％と主要先進国中で最悪です。

国の財政事情は危機的な状況にあります。08年度の一般会計予算は、税収・税外収入58兆円を、一般歳出47兆円、地方交付税16兆円、国債費20兆円の合計が上回るため、新規の国債発行25兆円に頼らざるを得ませんでした。国家財政を月収40万円の家庭の1カ月の家計にたとえると、家計費33万円、田舎への仕送り11万円、ローンの元利払い14万円の支出合計58万円が月収を上回るため、毎月借金18万円を行わなければならない状態です。

国の資産売却の必要性

一般家計がフローの家計簿だけでなく、資産・負債のバランスシートもあるように、国も資産・負債をもっています。国有財産法は不動産、航空機や船舶などの動産、株式・社債などの有価証券、政府系金融機関などに対する政府出資、特許権や著作権などの知的財産権を国有財産と規定しています。07年3月末には106兆円の国有財産がありました。内訳で最も大きいのが政府出資の67兆円、次いで土地の19兆円、立木竹の7兆円、工作物の6兆円、建物の4兆円と続きます。これらは国有財産法が規定する国有財産であり、公的部門の資産はもっと大きくなります。

特別会計のバランスシートが長年明らかになっていませんでしたが、政府の資産債務等専門調査会は06年9月に、国の資産は04年度末時点で700兆円もあり、これを15年度末までに絶対額で140兆円圧縮すべきとの提案をまとめました。国の資産700兆円の内訳は、財政融資資金貸付金257兆円、庁舎・宿舎、未利用国有地等の国有財産42兆円、出資金42兆円、道路・河川等公共用財産134兆円、外国為替等84兆円、運用寄託金72兆円、その他資産68兆円でした。融資や出資金を含めた日本政府の資産は、国際比較でみても極めて大きいといえます。

政府の経済政策の方針を決める「骨太の方針06」は、行政改革推進法に基づき、15年度末に国の資産規模の対GDP比の半減を目指す目標を掲げました。国有財産は、一般庁舎・宿舎、未利用国有地、民営化法人に対する出資などを売却することにより、今後10年間の売却収入として約12兆円を見込むとしました。霞ヶ関では中央官庁のビルが高層化し、民間企業との共同入居ビルもできました。都心部に公的部門が保有する不動産で、売却可能な物件はまだ多くあります。

ただし、資産売却は固定資産より有価証券の方が容易です。財務省は07年3月に政府保有株の売却計画を発表しました。15年度までに36法人の株式売却で8・4兆円の収入をあげる計画でしたが、株式市場の下落で、売却計画は遅れ気味です。政府の有価証券の売却が遅れれば、その分増税の緊急性が増しますので、株式を保有していない一般家庭にとっても株式市場の動向は重要です。

特別会計の埋蔵金論争

国家財政は複雑です。国の会計は一般会計以外に特別会計があります。特別会計は国が行う特定の事業や特定の資金を運用する目的で設けられています。08年度予算で、21の特別会計の歳出の単純合計は368兆円ですが、これには会計間の入り繰りが含まれるため、重複計上を控除した歳出純計額は178兆円になります。ここから国債償還費・利払費、社会保障給付、財政融資資金への繰入、地方交付税交付金を引いた金額は11兆円になります。

特別会計のストックとして、06年度末に196兆円の積立金がありました。うち約8

割に当たる154兆円は国民年金など将来の保険支払いに備える積立金です。残りは、14・15・6兆円が為替・金利変動による損失に備える外国為替資金特別会計の積立金、12・4兆円が金利変動による損失に備える財政融資資金特別会計の積立金、6兆円が国債償還に備える国債整理基金特別会計の資金です。

一般会計は国民の目につきやすいため、節約要求が強くなります。一方、特別会計は専門家でないとわかりにくいため、官僚や族議員の裁量で使われやすく、余った予算が剰余金として積み上がってきました。03年に塩川正十郎元財務相は、「母屋（一般会計）で粥をすすって節約している時に、離れ（特別会計）ですき焼きを食っておる」と巧妙な発言をしました。巨額の赤字を垂れ流して廃止論も高まっている京都の「私のしごと館」の建設費と運営費の赤字補てんの出所は、労働保険特別会計です。地方に道路をつくるか、つくらないかで長年政治的な対立の温床になってきた道路特定財源は、08年5月に一般財源化することが決められました。

特別会計の資産と負債の差額は「埋蔵金」と呼ばれ、その有無や規模が大きな政策論争になってきました。埋蔵金論争の火付け役になったのが、髙橋洋一東洋大教授です。髙橋教授は財務官僚や内閣府参事官などを歴任し、小泉内閣で竹中平蔵元大臣のブレーンを務めました。髙橋教授は『霞が関埋蔵金男が明かす「お金の経済」』（文春新書）で、「埋蔵金のありかを見つけたのは私かもしれないが、埋蔵金の名付け親は与謝野馨元官房長官が会長を務める財政改革研究会である」と述べました。

特別会計の各種積立金は、市場価格の変動や将来の資産・負債の見積もりなどによって変わるため、埋蔵金の推計については意見が分かれます。高経済成長による財政再建を主張する上げ潮派の代表である中川秀直元自民党幹事長は、埋蔵金が40～50兆円あると主張した一方、増税による財政再建を主張する与謝野馨氏は、埋蔵金はないと主張しました。上げ潮派も増税重視派も、財政再建すべきという点では一致していますが、前者は増税の前に経済成長率を高めて、埋蔵金を払い出すべきという点で、後者と考え方が異なります。08年9月に行われた自民党総裁選では、消費税引き上げを主張した与謝野馨氏以外の4候補が、麻生太郎首相も含めて、消費税の早期引き上げを封印する代わりに、政府部門の改革や埋蔵金の払い出しを主張しました。

政府の無駄を追及する民主党の細野豪志衆議院議員は、08年1月の国会質問で、特別会計の埋蔵金が68兆円、独立行政法人の埋蔵金が16・7兆円、公益法人関連会社の埋蔵金が11・1兆円、合計96兆円の埋蔵金があると主張しました。民主党は農業保護や子供手当てなどではばら撒き的な主張をしていますが、政府部門の改革ではもっともな主張が多いといえます。自民党にも、小さな政府を目指すべきという改革派と、大きな政府を主張する守旧派の政治家が存在します。次期衆院選後も国会のねじれ状況が解消されなければ、自民党、民主党ともに改革派と守旧派を分離した後に、別な形で2大政党に集約するような政党再編が起きるかもしれません。

年金不信の行方

日本の有力政治家に高齢者が多いうえ、有権者も高齢者は若者より選挙での投票率が高いので、年金や医療費は政治の大きな争点になります。07年2月に、約5000万件の宙に浮いた年金記録が明らかになり、大きな政治問題になりました。7月の参院選で、自民党は今後1年間で未確認の年金記録5000万口すべての名寄せを完了させると明記したチラシを配りました。安倍晋三元首相は、最後の1人に至るまで年金を確実に払うと選挙演説しましたが、自民党は参院選で大敗し、07年9月に安倍元首相は退陣しました。安倍元首相の選挙での約束の実現が難しいことが判明した際に、福田康夫前首相は、「公約違反というほどの大げさなものなのかどうか」と発言し、内閣支持率が低下しました。政府は08年3月に、約5000万件の宙に浮いた年金記録のうち4割に当たる2000万件が特定困難と発表せざるを得なくなりました。このように年金問題は、時の政権の命運を左右するほどの大きな政治課題になっています。

宙に浮いた年金記録とは、97年に基礎年金番号を導入した際に統合されていない年金記録を指しますが、消えた年金記録問題もあります。消えた年金記録は、本人が年金保険料を納めたにもかかわらず、社会保険庁の入力ミスなどにより年金記録がない事例です。政府は07年6月に年金記録確認第三者委員会を設置し、領収書など保険料を収めた証拠がなくても、第三者委員会が納付の事実を認めれば、記録を修正して年金給付が認められることになりました。第三者委員会設置後1年間の処理率は、4割弱と遅れ気味でした。

年金制度は複雑であり、三段階で構成されています。85年の年金制度改革で、全国民共通の基礎年金（国民年金）が導入され、厚生年金や共済組合が上乗せとして報酬比例の年金を支給する制度に再編成されました。民間サラリーマンは報酬に比例して支給される厚生年金保険が二階部分で、企業年金が三階部分です。公務員の二階部分は共済年金で、自営業者に対して基礎年金の上乗せ年金を支給するものとして国民年金基金があります。

サラリーマンは年金保険料が給料から天引きされますが、自営業者や学生などは自ら納付しなければなりません。そのため、国民年金の保険料未納率が国の年金制度への国民の信頼度を表わします。政府は国民年金の保険料未納率を20％へ引き下げることを目標にしていましたが、07年度の未納率は36％と目標達成には程遠くなりました。

年金制度はさらなる改革が必要

01年に確定拠出年金（日本版４０１k）が導入されました。年金の運用収益率の多寡にかかわらず、決まった年金額を給付しなければならない確定給付年金と違い、確定拠出年金は運用収益率に応じて将来の年金受取額が異なります。基本的には、年金の運用リスクが企業から従業員に転嫁される構造です。

確定拠出年金は、日本の年金制度改革や株式市場活性化の起爆剤になると期待されましたが、企業が拠出できる掛け金が月４・６万円（企業年金を併用していない場合）と限られているうえ、従業員のマッチング拠出（企業の拠出金に従業員が上乗せして資金を出すこと）が禁止されたことなどから、普及は限定的になりました。08年３月末までに、確定拠出年金を導入した企業数は前年比19％増の１０３３４社、加入者数は同24％増の２７１万人になりました。代表的な確定給付年金である厚生年金基金に対する比率は、導入企業数で１割弱、加入者数で２割弱です。確定拠出年金は様々な制度的欠陥を抱えつつも、中小企業が多く活用する税制適格年金制度が12年に廃止になることや、年金運用が企業業績の変動要因になることを嫌う企業が増えているため、確定拠出年金の中長期的な拡大は続くでしょう。

04年の年金制度改革で、年金保険料水準が17年までに厚生年金は18・３％、国民年金は１・７万円（04年度価格）に段階的に引き上げられた後、固定されることになりました。年金給付も、物価上昇率以下に給付額の伸びを抑制し、65歳時の年金給付額の現役世代の手取り所得に対する比率を50・２％にまで引き下げるとされました。当時の年金改革で、政府は将来の年金制度は大丈夫と胸を張りましたが、その後の名目経済成長率は当時の想定を下回っているうえ、少子高齢化ペースは上回っているため、年金制度はさらなる改革が求められるでしょう。

基礎年金の国庫負担割合を09年度までに３分の１から２分の１に引き上げることが、04年に法律に明記されましたが、衆院選を控えて消費税引き上げは困難な情勢であり、国庫負担の引き上げは見送り方針と報じられています。基礎年金をすべて税方式で賄うべきか、現行の保険料と税負担の折衷方式を維持すべきかなどに関して、様々な提案が出されました。08年5月に社会保障のあるべき姿を議論する社会保障国民会議は、基礎年金を全額税方式に移行した場合、09年度の消費税率は9・5~18%になるとの試算を発表しました。麻生太郎首相は、消費税を10%に引き上げて、基礎年金を全額税負担にすることが持論でしたが、日本経済は全治3年との判断を下し、3年間は消費税を引き上げずに、景気回復に注力する方針に変えました。

我々は年金の保険料や給付額に目が行きがちですが、年金運用も極めて重要です。公的年金の積立金の管理・運用を行う年金積立金管理運用独立行政法人(英語名はGovernment Pension Investment Fund=GPIF)の運用資産は、08年3月末に120兆円ありました。その年間運用収益率が2%違えば2・4兆円と、基礎年金の国庫負担割合を3分の1から2分の1に引き上げるのに必要な消費税率1%にも相当します。年金運用の巧拙は年金財政、国家財政全般、我々の懐具合に影響を与えるのです。

「年金積立金管理運用独立行政法人」は世界最大の年金基金

「年金積立金管理運用独立行政法人」は世界最大の年金基金として、世界の投資家にGPIFの略称で知られています。GPIFの運用資産は、カリフォルニア州職員退職年金基金（カルパース）の4倍以上の規模です。厚生労働省が公的年金制度の制度設計、財政検証、中期目標の提示などを行う一方、年金積立金管理独立運用法人が運用の中期計画の策定、運用受託機関の管理を行います。学識経験者や金融の専門家で構成される運用委員会が、運用中期計画の審議、年金積立金管理運用独立行政法人の運用状況を監視しています。

証券市場での実際の運用は、年金積立金管理運用独立行政法人から運用委託を受けた信託銀行や投資顧問会社が行います。国内外の株式・債券運用ともに、ベンチマーク並みの収益を目指すパッシブ運用比率が7〜9割と高い状況です。年金積立金管理運用独立行政法人は国内では規模が大きすぎるため、アクティブなリスクを採りにくいというのが、パッシブ比率が高い理由です。

年金積立金管理運用独立行政法人は長期的に維持すべきポートフォリオを定めて、適切に管理して、安全かつ効率的な運用に努めるとされています。00年度までは年金積立金は財務省の資金運用部（現在の財政融資資金）に全額預託し、政府系金融機関への低利融資などに回されていましたが、預託義務が廃止されて、年金積立金管理運用独立行政法人の前身、年金資金運用基金による自主運用が始まりました。

財政融資資金に預託されている預託金は、預託期限が到来する度、償還され、市場運用に投入されます。08年度までに預託金の償還が終了し、年金積立金の前卓が市場運用される予定になっています。08年度末に達成されるべき基本ポートフォリオの資産構成は、国内債券67％（乖離許容幅±8％）、国内株式11％（±6％）、外国債券8％（±5％）、外国株式9％（±5％）、短期資産5％です。

預託金が戻ってくる過程で達成される過度的なポートフォリオは、「移行ポートフォリオ」と呼ばれます。資産毎に比重と乖離許容幅が設定されており、乖離許容幅内に収めることが求められています。運用資産全体の移行ポートフォリオは、国内債券67・6％（乖離許容幅±6％）、国内株式11・7％（－5％）、外国債券6・9％（－4％）、外国株式8・6％（－4％）、短期資産5・2％です。預託金が国内債券に準じる性格の資産とみなされるため、運用資産全体に占める安全資産の比率は極めて高くなります。

年金積立金管理運用独立行政法人の期待運用利回りは、年3・2％です。3・2％の運用目標利回りは04年度の年金制度改革で、想定名目賃金上昇率2・1％＋実質運用利回り1・1％として決められました。株価の世界的下落で07年度の運用利回りこそマイナス6・4％となりましたが、5年間の平均利回りは5・7％で、まずまずの運用実績をあげたといえます。

07年度の運用収益額は5・8兆円の損失となりましたが、5年間累積では13・6兆円の運用収益をあげたため、単年度の損失を批判すべきではないでしょう。02年度に6兆円もの運用赤字を出した時には、年金積立金管理運用独立行政法人の前身だった年金資金運用基金の廃止論や株式運用撤廃論まで出ましたが、今回は冷静な反応や報道が多くみられました。

日本版の政府系ファンド創設の議論

年金積立金管理運用独立行政法人で問題とされるのは、①一機関で150兆円もの巨額資金を運用管理するのは困難、②受託者責任やガバナンスが不徹底、③予算が制約されており、優秀な人材が雇えない、④資産配分が債券に偏っており、インフレヘッジになっていないことなどです。自民党の「ＳＷＦ（日本版政府系ファンド）検討プロジェクトチーム」（座長は山本有二元金融相）は08年7月に「日本版ＳＷＦ設計図」をまとめました。自民党の報告書は少子高齢化と迫り来るインフレを考慮した場合、少しでも高い利回りを目指す必要があるが、現在の年金積立金管理運用独立行政法人の仕組みは効率運用の様々な制約があるため、一部の金額を切り離して専門的な組織で運用効率化を試みるべきとの問題意識を示しました。

この自民党の提案は、新会社は現組織の制約を取り払う一方、現組織と比べてリスクを高めずに、効率運用を目指すとしています。新会社は政治的に独立した機関とし、内閣府は新会社の運用成績に責任を負わず、新会社は現組織から委託を受けて運用する見込みです。当初運用資産は10兆円で、原資は公的年金基金です。投資期間は5年間塩漬けで、5年間で実績が出なければ解散する計画です。新会社の人員規模は30名程度で、年間総経費は10~20兆円とするといいます。諸外国の政府系ファンドに比べれば、規模も小さく、低リスク運用を目指す提案ですが、日本版政府系ファンド設立の第一歩として評価される話でしょう。

この自民党の提案は、年金積立金管理運用独立行政法人の現組織を残したままで、資産の一部を政府系ファンドとして切り出す案ですが、年金積立金管理運用独立行政法人を小さなファンドに切り分ける案や、完全に解体して公的年金の運用を個々の国民の選

図6－2　年金運用の資産配分

(%)	国内債券	国内株式	外国債券	外国株式	現預金その他	資産(兆円)
年金積立金管理運用独立行政法人の2008年度基本ポートフォリオ	67.0	11.0	8.0	9.0	5.0	120
投資顧問の2009年3月期の資産配分計画	27.5	36.3	12.7	21.3	2.2	99
信託銀行の2009年3月期の資産配分計画	28.0	38.0	9.4	21.6	3.0	63
地方公務員共済組合連合会の2007年度の資産配分実績	66.8	12.4	8.9	9.4	2.6	16
企業年金連合会の2006年度の資産配分実績	36.4	27.5	11.0	21.9	3.1	13

注：信託銀行資産は4行合計、投資顧問資産は国内顧客向け、年金積立金管理運用独立行政法人は財投債含む、資産は2007年3月末～2008年3月末時点
（出所：各社）

択に任せる案など別な提案も出ています。政治情勢が混とんとしていることもあり、日本版政府系ファンドの決定には時間がかかる見通しです。

日本は未だに世界最大の債権国であり、外貨準備高も中国に次いで世界2位であり、世界最大の公的年金基金をもっています。日本の外貨準備は米国に対する政治的な配慮もあり、専ら米国債で運用されていますが、公的年金同様に外貨準備も本来、積極的な運用が可能なはずです。約100兆円にのぼる外貨準備の利子分の年3兆円だけでも積極運用を行うべきではないでしょうか。日本は国内株式市場を外国人に席巻されるだけでなく、世界の金融市場でもっと

積極的な役割を果たすだけの資産と素養をもっています。

コーポレートガバナンス改善に熱心な企業年金連合会

企業年金連合会（Pension Fund Association＝ＰＦＡ）は、67年に厚生年金保険法に基づき厚生年金基金の連合体として設立され、04年の法律改正により企業年金連合会となりました。企業年金連合会は厚生年金基金を短期間（通常10年未満）で脱退した人などに対する年金給付を一元的に行います。企業年金間の年金通算事業、保有資産の安全かつ効率的な運用を行います。08年３月末の資産残高（時価）は12兆円で、資産配分は国内債券34％、国内株式23％、外国株式21％、外国債券19％、短期資金３％でした。

企業年金連合会の資産運用は、年金積立金管理運用独立行政法人より株式比率が高く、リスクを取った運用になっています。とはいえ07年３月末と比べて、国内株式の比重が低下し、外国債券の比重が大きく高まりました。前述の年金積立金管理運用独立行政法人の運用は全額外部に委託されていますが、企業年金連合会の運用ではインハウス運用も行っています。株式のインハウス運用は株価指数と同程度のリターンを目指すパッシブ運用であり、アクティブ運用は外部運用機関に委託されています。

企業年金連合会はコーポレートガバナンスの改善提言に積極的です。企業年金連合会のコーポレートガバナンス原則は有名であり、過去3期連続してROEが8％を下回る企業について、事業計画や資本政策等について納得がいく説明が得られない場合、役員の選任に反対するとしています。08年6月の株主総会では、819社に対して議決権行使を行い、会社提案3267議案のうち反対・棄権した議案が541議案（反対等行使比率16・6％）に及びました。反対等比率が高かった議案には、退職慰労金支給の48％、取締役選任の39％、買収防衛策導入の38％などがありました。企業年金連合会は日本企業の経営の足を引っ張りたいのではなく、年金受給者に高いリターンをもたらすことが目的です。日本企業の経営が良くなってもらうため、積極的な議決権行使を行っているわけです。

個々の企業年金の資産配分は外部からは明らかではありませんが、年金を運用する信託銀行の資産配分が参考になります。08年度の資産配分計画は、国内債券が28・0％（前年度は26・2％）、国内株式38・0％（同39・6％）、外国債券9・4％（同9・0％）、外国株式が21・6％（同22・4％）となっています。

CHANGE 7

日本の不動産市場は下落に転じたのか

日本の土地は森林と家計保有が中心

日本の国土面積は37・8万平方キロメートルあります。埋め立てなどにより国土面積は毎年少しずつ増えており、06年も8・4平方キロメートル、10年間では86平方キロメートル増えました。所有主体別の保有比率をみると、最も多く所有しているのは家計で、全体の38％を所有しています。ついで国有地の23％、法人の14％、公有地の11％と続きます。土地の利用別にみると、最も多いのが森林で全体の66％を占め、農林地の13％が第2位です。宅地と道路は日本の国土の各々4～5％でしかありません。

欧州の電車に乗ると平地を多く走りますが、日本では東海道新幹線も東北新幹線もトンネルが多く、日本は山が多い国だと改めて感じられます。また、成田空港から成田エクスプレスで東京駅まで来る間や、東京駅から新幹線で愛知県までの地域には大小の工場が密集しており、日本は世界に冠たる工業立国だと感じます。少し田舎に行けば、ほのぼのとした水田地帯が広がる一方、もっと田舎に行けば、荒涼とした耕作放棄地にも遭遇します。耕作放棄地とは1年以上作付けされず、今後数年耕作する意志のない土地のことです。全国の耕作放棄地面積は、埼玉県の面積に匹敵する広さにも達しています。

図7－2　公示地価の推移

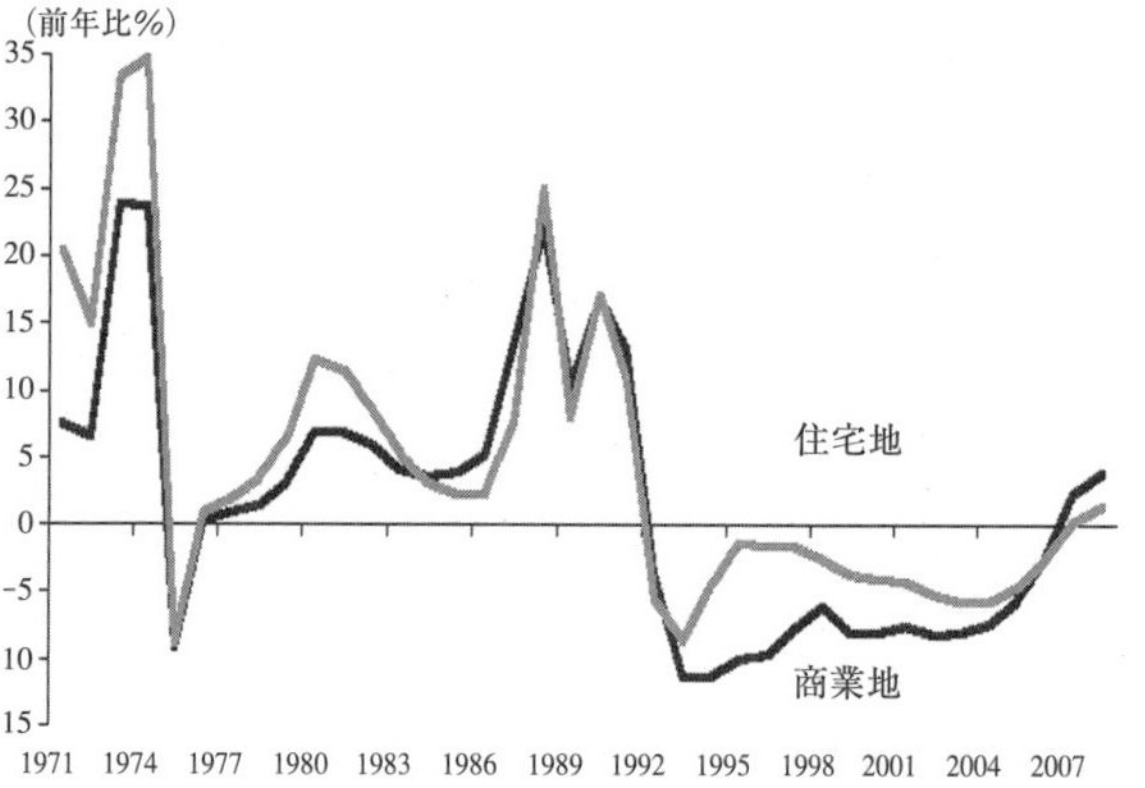

注：全国平均、毎年1月時点
（出所：国土交通省）

動産市況の予想には国際分析が必要になってきました。米国で不動産価格が下落して、サブプライムローン問題が深刻化し、海外金融機関が日本向け不動産融資を絞ると、日本の新興不動産企業が相次いで倒産しました。一見、取引がドメスティックにみえる不動産取引がグローバル化している証拠です。

92年から06年まで15年にわたって下落した地価も底入れし、08年１月時点の公示地価は、全国全用途平均で前年比１・７％の上昇と、２年連続で前年を上回りました。しかし、地価の二極化現象は依然として続いています。東京都の商業地は前年比15・8％上昇し、住宅地も９・１％上昇しましたが、地方圏は住宅地が1・8％下落し、商業地が1・4％下落しました。東京都心部には新しい高層ビルが乱立する一方、地方の駅前はシャッター通りと揶揄されるさびれたエリアが少なくありません。東京には地方からの人口流入、大企業の人員採用増加、外国からの投資資金の流入があった一方で、地方圏の地価は人口減少、公共事業削減、工場の中国移転などの悪影響が出ています。東京ビジネス地区（中央区、千代田区、港区、渋谷区、新宿区）では、オフィスビルの大量供給の03年問題をクリアした後、空室率が03年から低下し、賃料が04年から上がり始めました。

建築基準法改正や信用収縮で不動産市況が悪化

一旦は急回復した不動産市況ですが、07年秋以降、変調し始めました。07年の全国全用途地価は年間を通じては前年の0・4％以上上昇したものの、前半と後半を分けると後半は上昇率が鈍りました。東京・大阪・名古屋の3大都市圏において、商業地の約7割、住宅地の約6割で07年後半の上昇率が前半を下回りました。東京ビジネス地区の平均空室率は08年1月の2・6％を底に上昇に転じて、8月には3・9％まで上昇しました。仙台や福岡などの地方都市の新築オフィスの空室率に至っては40～50％まで高まりました。不動産鑑定会社の三井システムアプレイザルによると、7～9月の東京都全体の地価指数は前年同期比5・6％の下落と、3年ぶりに下落に転じました。

不動産市況悪化の海外要因としては、07年夏にサブプライムローン問題が浮上し、リスク許容度が低下した外国人投資家の日本の不動産市場への投資や、海外金融機関の不動産融資が減ったことが挙げられます。リストラで外資系金融機関などのオフィス需要も減退しました。

国内要因では、07年6月に施行された建築基準法改正によって、住宅着工が一時前年比で5割以上落ち込み、08年6月まで12カ月連続で前年を下回りました。建築基準法改正は姉歯秀次・元一級建築士によるマンションやホテルの耐震強度偽装事件をきっかけに、建物の安全性を第三者が二重に点検する仕組みが導入され、申請後の設計図の修正や差し替えが原則的に廃止されました。その際、行政の十分な準備なしに施行されたため、建築認可が滞って景気全般に悪影響を与えたのです。米国より日本の方が住宅投資の瞬間的な落ち込み度合が大きかったため、外国人投資家からは米国と日本のどちらにサブプライムローン問題があったのかわからない、日本政府は景気を故意に悪化させたいのではと揶揄される原因にもなりました。

不動産投機を懸念する金融庁からの指導もあり、国内銀行の不動産向け融資は、07年6月末の前年同期比8・3％増から、08年6月末に1・1％まで伸び率が鈍化しました。07年9月に施行された金融商品取引法で、不動産ファンドの監督・規制が厳しくなりました。不動産ファンドは規制が及ばない商法の匿名組合契約を利用し、投資家の資金を集められれば設立が容易でしたが、金融商品取引法施行によって、ファンド業者は金融庁に登録・届出義務が課され、投資家保護を目的とした広告規制、リスク情報の開示義務、組織体制などで厳格な規制を受けることになりました。

07年度の首都圏のマンション新規発売戸数は、前年度比18％減の5・8万戸と、14年ぶりの低水準に落ち込みました。中国の旺盛な鉄鋼需要を背景に、鋼材が34年ぶりの高値に上昇したことや、地価上昇によって、首都圏のマンションの販売単価が前年比10％上昇し、平均販売価格が4689万円と15年ぶりの高値を記録しました。マンション価格の上昇にもかかわらず、賃金が伸び悩んだため、07年夏以降、マンションの買い控え傾向は鮮明になりました。これは、アフォーダビリティ（住宅購入余力）の低下が原因です。不動産経済研究所によると、首都圏の08年のマンション新規販売戸数は15年ぶりに5万戸を割り込む見通しです。

建築基準法改正に伴う建設着工の急減、不動産市場に流れる資金の世界的な収縮、マンション市況の悪化は、新興や中堅の不動産・建設会社の経営悪化につながり、上場企業でも倒産がみられるようになりました。08年3月に大証へラクレス上場の不動産開発のレイコフ、6月に東証2部上場の不動産会社のスルガ、7月に東証1部上場の中堅建設会社の真柄建設と不動産開発会社のゼファー、ジャスダック上場の三平建設などが、次々と倒産しました。国内外の景気悪化と世界的な信用収縮で、建設・不動産業界は厳しい経営環境が続きそうです。

不動産取引の活性化に寄与したJ－REIT

国土交通省の土地取引金額の動向によると、法人の土地購入が05年の22・6兆円から06年に25・7兆円へ3兆円強増えた一方、個人の土地購入は05年の15・4兆円から06年に15・8兆円と微増にとどまり、国等の土地購入は05年の2・9兆円から06年に2・7兆円へ減りました。法人の土地購入はバブル崩壊以降の90年代前半に大きく減少しましたが、最近は法人の土地購入の活発化が、地価回復につながりました。

日本全体の土地資産額は06年末に1228兆円と前年比で0・5％増えましたが、ピークだった90年末の２４５２兆円と比べればまだ半分の水準です。逆にいえば、ＧＤＰの2倍以上の土地の資産価値が消失したわけですから、銀行の不良債権が巨額になり、経済へ大きな逆資産効果を与えたことも頷けます。

01年9月に誕生したＪ-ＲＥＩＴ（不動産投資信託）は、不動産市場の活性化に貢献しました。日本ではバブル崩壊以降、金融システム不安につながった不動産価格の下落を止めるべく、政府対策や金融緩和策が五月雨的に打たれましたが、地価はなかなか回復しませんでした。長期にわたる地価下落で、地価が収益還元に見合う水準まで下落したことに加え、Ｊ-ＲＥＩＴが透明な価格で買い手と売り手を結び付けて、不動産市場の流動性を高める役目を果たしました。

東証ＲＥＩＴ指数は、03年3月の算出開始以来、07年5月のピークまで2・6倍に上昇した後、08年3月までに約半値に急落し、9割のＪ-ＲＥＩＴが解散価値割れとなりました。10月に東証ＲＥＩＴ指数は、指数算出開始時の基準値である１０００を初めて割り込みました。資金調達難や投資家への分配金の原資確保のために、Ｊ-ＲＥＩＴが保有不動産を売却する動きが広がりました。Ｊ-ＲＥＩＴ市場の活性化のためには、禁止されているＪ-ＲＥＩＴによる自社株買いや、実務的に困難なＪ-ＲＥＩＴ同士のＭ＆

Aなどを促進する必要があるでしょう。

J－REITの主体別売買をみると、株式同様に外国人比率が高く、07年に外国人が55％の売買シェアを占めました。外国人投資家が07年春以降、売り越し傾向に転じ、J－REIT価格が下落しました。07年の年間を通じてみると、外国人投資家はJ－REITの最大の買い手で、3928億円を買い越しました。最大の売り手は個人投資家で、2415億円のJ－REITを売り越しました。投信は719億円の買い越し、金融機関は454億円の売り越し、事業会社が418億円の売り越しでした。日本株では、事業会社が自社株買いで買い越しになっている点がJ－REITと異なりますが、他の主体別売買は外国人投資家買い＆個人投資家売りなど、日本株とJ－REITには同じ傾向がみられます。このことから、J－REIT市場も外国人に依存した需給構造になっていることがわかります。外国人投資家は08年に入ると、世界的金融危機が深刻化したことから、J－REITを売り越し基調になり、J－REIT市場の下落につながりました。

外国人に次いで、J－REIT市場の拡大に貢献したのは個人投資家ですが、この背景には日本の投信会社が内外のREITに投資する投信を相次いで設定したことがあります。07年後半以降はREIT価格の世界的な下落により、REIT投信のパフォーマンスが悪化しました。10月にはニューシティ・レジデンス投資法人が上場REITとして初めて倒産しました。J－REITの予想利回りには20％超もでてきましたが、不動産市場全般に信用リスクが高まっているため、J－REITへの投資は、保有資産による選別が重要です。

グローバル化する不動産取引

不動産市場はグローバル化しています。三菱地所と三井不動産でも、外国人保有比率が各々41％、50％に高まりました。三菱地所は丸の内の再開発を進め、08年3月期まで4期連続で最高経常利益を更新、三井不動産は日本橋地域や六本木ミッドタウンの再開発を進め、5期連続で最高経常利益を更新しました。三菱地所は丸の内地区の含み益に注目する投資家が多く、M＆A観測が出ることもあるため、07年5月に買収防衛策を導入しました。

01年のグランドハイアット（六本木）に始まり、コンラッド（汐留）、リッツカールトン（六本木）、マンダリンオリエンタル（日本橋）、07年のペニンシュラ（日比谷）まで外資系高級ホテルが相次いで開業したことも、不動産市況の活性化につながりました。同時に、帝国ホテルなど国内系老舗ホテルは、改装やサービス向上の対抗策を求められることになりました。円安傾向もあったため、東京の高級ホテルの宿泊費は、ニューヨークやロンドンの同レベルのホテルに比べてまだ割安のように感じられます。例えば、ロンドンの高級ホテルでは企業割引を使っても、宿泊費が5万円、朝食が5000円程度します。東京に宿泊した外国人投資家が東京の物価の安さを肌身で感じて、日本の不動産市場や不動産株に強気になった面もあったようです。

外国人投資家はニューヨーク、ロンドン、香港の地価と金利動向を比較して、東京の不動産が相対的に魅力的と判断しています。外国人投資家は、日本のインフレ率が高まってくれれば、現預金や債券に偏ったポートフォリオをもつ国内投資家が、インフレヘッジのために、不動産にいずれ投資してくるとの期待を抱いています。

不動産価格は基本的に国の景気や金利などのファンダメンタルズにより決まりますが、世界的規模で投資マネーが増えたことで、不動産価格の連動性が高まりました。米国では住宅価格指数が06年7月のピークに比べ2割近く下落し、90年代の日本の二の舞になるとの懸念が強まっています。

米国では、ホーム・エクイティ・ローンと呼ばれる保有住宅の時価が既存のローン残高を上回る部分を担保に借入れをして、消費に回していましたが、住宅価格の下落で逆回転を始めました。しかし、米国政府は日本の長期デフレの失敗を反面教師にし、早めの政策対応を採っていること、米国は日本と異なり人口が増えていることを鑑みれば、米国の不動産価格が日本のように15年も下落することはないでしょうが、米国の不動産価格の下落は今後数年間は続くと予想されています。

米国大手証券は株式売買を取り次ぐブローカレッジ業務だけなく、自己勘定で不動産そのものや不動産関連証券へ積極的な投資をしてきました。例えば、米国のゴールドマン・サックスは、07年8月に宝飾品大手のティファニーから銀座本店ビルを約370億円で取得しました。モルガン・スタンレーも07年4月に全日空の13のホテルを2830億円で購入しました。複雑な証券化商品や資金調達手法を駆使して、自己資本の何十倍にも当たる投資をしてきたため、08年の金融危機の深刻化で、株価が急落して、米国大手証券は業界再編や経営戦略の変更を求められることになりました。リーマン・ブラザーズに買い手が現れずに倒産に至ったのは、他の米国大手証券より不動産投資のリスクが大きかったからともいわれています。

米国不動産投資会社のラサール・インベストメント・マネージメントは、08年3月に東京で開いた不動産投資戦略説明会で「今後、3年間で150～200億ドル（約2兆円）をアジア地域に投資する。うち半分の資金を日本市場に振り向ける」と述べて、特に日本の物流分野と商業施設への投資意欲を示しました。16兆円の預かり資産をもつ世界最大級の不動産ファンド運用会社であるINGリアルエステートのアジア地区代表のリチャード・プライス氏も「日本の不動産市場には期待している。サブプライムローン問題の影響で今年はスローダウンするが、09年には再び成長が戻ってくるだろう」と述べました（『日経ヴェリタス』08年7月27日）。このように外国人投資家の日本の不動産への投資意欲は根強いものがありますが、実際に大規模投資が行われるかは、世界的な金融危機で厳しさが増した資金調達が可能かどうかに依存するでしょう。

事業会社に求められる不動産の有効活用

日系ファンドで不動産に積極的な投資を行っているのが、不動産ファンドのダヴィンチ・アドバイザーズです。ダヴィンチ・アドバイザーズは、米国で不動産業を行っていた金子修社長が98年に創設した会社で、積極的な投資で急成長しました。最近、都心部でも森ビルほどではありませんが、ダヴィンチというビルを見かけるようになりました。

大型の出資確約型オポーチュニティ・ファンド（通称1兆円ファンド）を運用しており、スピーディな投資判断で、国際赤坂ビル、芝パークビル、パシフィック・センチュリー・プレイスなどに大型投資してきました。

07年7月に行ったビル賃貸のテーオーシーに対する敵対的ＴＯＢ（株式公開買い付け）は、過半数の株を取得できずに失敗しましたが、07年12月に不動産関連企業等を投資対象に企業投資ファンドを運用するために、全額出資のコロンブスを設立しました。コロンブスは総投資額２０００億円を予定しており早速、東証1部上場の新日本建物の株式33％を取得し、友好的な業務提携を結びました。

日本で長い歴史がある事業会社には良い場所に不動産を保有しながら、有効活用していない企業が少なくありません。この意味で全日空は、ホテル売却で得た資金を燃費が良い航空機の購入費や財務体質の改善に充てた点が評価されました。元々、日本企業の本社機能は東京に集中していますが、漁業や紙パルプの会社などが都心の一等地に本社を抱える理由は、株主からみれば疑問です。事業会社の経営者にとって不動産の含み益は、事業に失敗したり、リストラを行う際の資金捻出手段になるので、含み益のある不動産所有は心地よいものの、含み資産に安住して本業の経営に厳しさが欠ける恐れがあるのです。

投資家、特に外国人投資家や積極的な経営提案を行うアクティビスト・ファンドは、事業会社に不動産の有効活用を求めています。不動産事業が本業との関連性が低く、自社で有効活用できないならば、外部の専門知識を利用すべきでしょう。00年に旧村上ファンドからＴＯＢ（公開買い付け）を仕掛けられた昭栄は、保有不動産の有効活用や株主重視の経営を行うようになり、業績が急拡大し、東証分類でも繊維から不動産セクターへ移行しました。

また、サッポロホールディングスは08年1～6月のビール系飲料の出荷シェアで、初めてサントリーに抜かれて4位に転落しましたが、同社に対しては筆頭株主のスティール・パートナーズが販売商品の絞り込みや不動産の有効活用を提言していました。優良不動産をもつがゆえ、本業に慢心があった可能性があります。

空港の利便性改善は喫緊の課題

私は日本株説明のための外国人投資家訪問で、海外主要都市の空港をよく利用しますが、成田空港ほど不便な空港はないと感じています。地理や言葉に不案内の外国人は海外では空港からタクシーを利用することが多いですが、成田空港は遠すぎて、東京駅までタクシーを利用する外国人はほとんどいないでしょう。オイルマネーで潤うアラブ首長国連邦（UAE）のドバイへ日本株営業に行こうと思えば、成田からの直行便はなく、関西空港経由か、香港やバンコク経由になります。日本ではカジノが認可されていないので、金曜日の仕事を終えてからマカオへカジノをしに行こうと思えば、羽田からの直行便はないため、関西空港経由となります。日本の観光客に人気が高いスペインへの東京からの直行便がないのも不思議です。

このように成田は不便ですが、それでも約40カ国の航空会社が乗り入れを希望していながら実現していないといいます。改善したとはいえ、成田空港の商業施設は海外主要空港に比べてまだ貧弱です。成田空港の設置・管理を行う成田国際空港株式会社（NAA）は、09年度に上場を目指しています。国土交通省は日本の空の玄関が外資の支配下に置かれると、安全保障上の懸念が生じるとして、空港への外資持株規制を検討していますが、その前に空港の利便性を改善すべきだと考えます。

政府は成田＝国際線、羽田＝国内線の基本的考え方を堅持し、羽田の国際線は国内発で最も長い羽田〜石垣より短い区間にするとの原則がありました。日本は、あまり利用されない地方空港を相次いで開港する一方、国際空港の整備が遅れてきました。09年3月には新幹線の便が良い静岡で、静岡空港が開港する見込みです。燃料費の高騰で、日本航空と全日空は採算が悪い地方空港路線の廃止や減便に乗り出しています。誕生の仕方が不幸だった成田や、経済不振が続く地方への配慮を優先しすぎると、空港間の国際競争に敗れて、大手製造業の国内流出が起きる恐れがあるでしょう。

国土交通省はようやく重い腰を上げて、羽田の国際化へ舵を切り始めました。羽田から飛べる海外の都市はソウルと上海だけでしたが、08年4月に香港線も就航しました。都心への便が良い羽田空港は、10年に第4滑走路が新設されて、年間発着枠が11万回増える予定です。国土交通省は当初、国際線を3万回増やす方針でしたが、08年5月に倍増の6万回を国際線に回す方針を表明しました。騒音問題で成田が使えない夜間（午後11時～午前6時）は、羽田から欧米路線を実現するとしました。

成田も暫定並行滑走路を10年に2500メートルに延長して、年間発着能力を現在の約1割増の22万回へ引き上げる見込みです。羽田の国際化は評価されるものの、まだ国際化が不十分ですし、成田との接続の悪さも問題として残されています。10年には成田と羽田空港を直結する成田新高速鉄道の開業が予定されています。

国際空港の便が悪いと、不動産の利用価値を低めるばかりか、日本経済全体の国際競争力の低下につながります。東京を差し置いて、アジアの国際金融都市としての地位を強める香港とシンガポールは、空港の便が極めて良い状態です。日本の成田は乗り継ぎが不便なので、地方空港からソウル経由で海外へ飛び立つ人も増えているといいます。政府は東京の国際金融都市としての機能を高めたいといいますが、時間が勝負の金融業にあって、空港の不便さは致命的な障害になる可能性があります。金融と不動産は表裏一体の関係にあるため、金融機能が弱いと不動産市場も沈滞してしまうのです。

外国人観光客の誘致と移民解禁への足音

地方では、アジアからの観光客誘致で町の活性化を目指す地域も多くみられます。アジアからのゲートウェイとして、羽田空港のアジア便を増やすことは急務でしょう。日本、特に地方では公共機関や不動産の外国語での表示が不十分です。このまま人口減少が続けば、日本は将来的には欧州の小国のように、日本語がローカルな言語になり、英語や中国語でのコミュニケーションが求められることは必至です。

地方の不動産の魅力度を高めるには、利用価値を高める必要があります。利用価値を高めるにはオフィスビルや工場の建設も考えられますが、訪れる人が増えれば、不動産の商業的価値が高まります。日本は人口が減少しているため、海外からの訪問客を呼び込む努力も求められます。日本は07年に、日本人の海外への旅行者数が1730万人だったのに対して、日本への外国人旅行者数は835万人と、大幅な流出超過でした。

03年4月から政府は、10年までに訪日外国人旅行者数を1000万人にすることを目標に掲げて、ビジット・ジャパン・キャンペーンを実施しています。08年1～6月に訪日外国人旅行者数は、前年同期比10％増の434万人に増えました。統計的にも香港・中国からの旅行者数が前年比2～3割増えていますが、実際に銀座、原宿、家電量販店などに行くと、中国語や韓国語を聞く機会が増えたと感じます。

政府は08年10月に、観光立国の推進のために、観光庁を創設しました。日本が1000万人の外国人訪問者数を達成しても、海外諸国にははるかに及びません。世界で最も外国人訪問者数が多いのはフランスで、約8000万人と、現在の日本の約10倍の外国人訪問者を受け入れています。2位はスペインで約6000万人、次いで米国や中国が約5000万人の外国人訪問者となっています。観光庁は20年に訪日旅行者数2000万人の新たな目標達成を狙うことになりました。日本にも京都、富士山、北海道など優れた観光資源があるのですから、もっと外国人にアピールする必要があるでしょう。

また、日本は最終的に移民解禁が必要になると考えられます。08年6月に自民党の外国人材交流推進議員連盟は、「人材開国！　日本型移民政策の提言」をまとめました。移民とは、通常の居住地以外の国に移動し、少なくとも1年間当該国に居住する人と定義されます。提言は、「日本の生きる道は、世界に通用する国際国家として自ら世界に開き、移民の受け入れにより、日本の活性化を図る『移民国家』への転換である」と述べましたが、私も全く同感です。日本政府は1年以内に移民国家宣言を世界に配信し、今後50年で総人口の10％（1000万人）程度の移民を受け入れるのが相当であるとしました。日本が受け入れる移民のカテゴリーとしては、高度人材、熟練労働者、留学生、移民の家族、人道的配慮を要する移民、投資移民（富裕層）などを想定するといいます。

日本は移民を早く解禁しないと、世界的な人材獲得競争に負けてしまうリスクがあります。優秀な中国人や韓国人は日本を通り越して、皆欧米に留学しています。移民は犯罪増加につながるなどの反対論がありますが、将来、大増税され、看護も介護もしてくれる人がいない世界と、移民の受け入れのどちらか二者選択する必要があるとすれば、後者を選ぶ国民が多いのではないでしょうか。

日本は人口が1・27億人と中途半端に大きく、経済規模も成長していないとはいえ、世界2位を維持しているので、変化への危機感がまだ十分でないことが問題です。もちろん小泉構造改革の疲れから、国民が内向き、保守的になりがちなのは理解されます。欧米経済の変調によって、自由主義的な資本主義は終わったとの意見も出ています。しかし、サブプライムローン問題に端を発した世界的な金融危機にもかかわらず、経済と金融の中長期的な人・物・資本のグローバル化の流れは変わらないと考えます。内向きだった日本は、欧米よりグローバル化に遅れましたが、欧米諸国が困難に直面している現在こそ、世界に躍進して、失われた10年を取り戻すチャンスでしょう。

菊地正俊（きくち・まさとし）
メリルリンチ日本証券調査部チーフ株式ストラテジスト、マネージングディレクター。1986年東京大学農学部卒業後、大和証券入社。本店第二営業部、大和総研経済調査部、大和総研ヨーロッパ、投資調査部などを経て、2000年より現職。1991年米国コーネル大学よりMBA（経営学修士）。日本証券アナリスト協会検定会員、CFA協会認定証券アナリスト。組織学会、日本ファイナンス学会会員。著訳書に『外国人投資家』（小社新書y）、『外国人投資家の視点』（PHP研究所）、『外国人投資家が買う会社・売る会社』『TOB・会社分割によるM&A戦略』『企業価値評価革命』『資本コストを活かす経営』（いずれも東洋経済新報社）などがある。

新書y 204

お金の流れはここまで変わった！

発行日	2008年11月21日　初版発行
著　者	菊地正俊©2008
発行者	石井慎二
発行所	株式会社 洋泉社 東京都千代田区神田錦町1-7　〒101-0054 電話　03(5259)0251 振替　00190-2-142410㈱洋泉社
印刷・製本	錦明印刷株式会社
装幀	菊地信義

落丁・乱丁のお取り替えは小社営業部宛
ご送付ください。送料は小社で負担します。
ISBN978-4-86248-334-8
Printed in Japan
洋泉社ホームページ http://www.yosensha.co.jp